私って、甘えてますか？

斗比主閲子

Etsuko Topisyu

SOGO HOREI PUBLISHING CO., LTD

はじめに

この本では、「どうにかしたいと思っているけれど、なぜかうまくいかない」という、よくある女子のモヤモヤ（悩み）について、「こういった視点で考えると実は解決の糸口が見つかりやすい」というものを盛りだくさんに紹介していきます。

「これを読みさえすれば、あっという間に何もかもうまくいきます！」と言いたいところですが、みなさん薄々気が付いている通り、そんな魔法のように簡単ではありません。

筆者としてはそんな本になればいいと願っていますが、これまでうまくいかなかったことをうまくいくようにするのは、なかなか難しいことです。

自分の中でどう対処したらいいかわからないからモヤモヤするわけですしね。

この本では、どうやって悩みにアプローチするのか、解決策はどんなものがあるのかを知っていただくことで、モヤモヤを抱える読者のみなさんには、ご自身のモノの見方・考え方の偏りに気付く機会を提供したいと考えています。

悩みにすぐに適切な対処はできないとしても、「悩みの捉え方に思い込みがあるかもしれない」「私の解決策の選定に偏りがあるかもしれない」と気付くことができるのは非常に大きな進歩です。

あなたは「私って、なんでこんなにダメなんだろう」「いつも同じ間違いを繰り返してしまう」と思っていませんか?

自分自身を否定する必要はありません。

感情の扱い方、人との付き合い方など、人生には自分でコントロールできることがたくさんあります。

本書は、第1部が基本編、第2部が応用編になります。

第1部のチャプター1では、頑張っているのにうまくいかないのはどうしてなのかを、チャプター2では、私自身がどうやって解決方法を習得したかを参考のために書いています。チャプター3、チャプター4では、問題を正確に把握する方法と、適切な解決策を導き出す方法を紹介します。

第2部では、Q&A形式で、実生活の中でよくある女子のモヤモヤについて、どんな風にそのお悩みを捉えたらいいか、どのような解決策が考えられるのかを、一つ一つ回答しています。

人生を自分の思う通りにコントロールすることは簡単ではありません。

ただ、Q&Aを通して「モヤモヤしていたのは私だけじゃなかったんだ!」「こんな考え方もあるんだ!」という気付きを提供することはできるはずです。

この本があなたのコンプレックス、生きにくさを解消する手立てになれば幸いです。

斗比主閲子

目次

Q6 男女 結婚

家事の分担などに理解がある同じ歳の男性（年収は私と同じくらい）と、家のことは女に任せたいタイプの8歳年上男性（年収一千万円以上）、どちらと結婚する方が幸せになれますか？

100

Q7 男女 愛情

彼と元のように仲良くなりたいのですが、もう会話の糸口さえつかめない状態です。どうすればいいでしょうか？

106

Q8 男女 SEX

私がする気になれないため彼とセックスレス気味です。彼のことはとても好きなのですが、どうしたらいいのでしょうか？

111

Q9 男女 結婚

ちょっとヤンチャなところがある彼だけど、結婚したら落ち着いてくれますよね？

116

Q10 男女 家族

結婚予定の彼のご両親がある宗教を信仰しています。私や将来の子どもも入信を求められるのではないかと不安です。

120

Q11 結婚

「ダメだったら離婚すればいいんじゃない?」という考え方ですが、実際のところ「離婚」のリスクはどれくらいあるのでしょうか?

125

Q12 男女 不倫

既婚子持ちの彼と付き合って一年。奥さんとは冷え切った関係だそうですが、どうしたら早く離婚させて、結婚することができますか?

131

Q13 男女 妊活

夫はあまり子どもが好きではなく、不妊治療に積極的になってくれません。どうしたらいいでしょうか?

137

Q14 男女 子育て

彼は教育にこだわりがあり、十分な教育をさせるのにまだ収入が足りないから子どもは持てないと言います。私は「どうにかなるのでは?」と思ってしまいます。そんなにお金がかかるのでしょうか?

142

Q15 仕事 自己投資

自分に投資したほうがいいと言いますが、どんなことに、いくらくらい投資すればいいものでしょうか?

149

Q16 仕事 やりがい

本当にやりたいことを仕事にしなくていいのかという気持ちがある一方で、夢みたいなことを言っていてはいけないという思いもあり、前にも後ろにも進めません。

156

Q17 仕事 やりがい

やりがいのある仕事ですが、月に100時間前後残業しないと仕事がまわりません。収入は暮らしていく最低限くらいの給与です。このまま続けていくべきでしょうか?

163

Q18 仕事 同僚

職場の同僚が私を嫌っています。どうしたらいいでしょうか?

169

Q19 仕事 同僚

嫌いな同僚の結婚披露宴に呼ばれましたが、ご祝儀を払いたくありません。

173

Q20 仕事 同僚

同僚にあまりやる気のない人がいてイライラしています。彼女をちゃんと働かせるにはどうしたらいいでしょうか?

178

Q21 仕事 同僚

同僚は何か不満があると本人に直接言わず、すぐに上司に告げ口します。彼女のご機嫌取りをしなければならず不満を感じます。 183

Q22 仕事 部下

少し注意しただけで、トイレにこもる新卒社員がいます。こういう人は毎年少なからずいて、すぐに辞めてしまう人もいます。どのように指導すればいいのでしょうか? 188

Q23 家族 親

私が子どもの頃から、母が父や弟への愚痴を私に言ってきます。私から何を言ってもネガティブにしか受け取らず、イライラします。こんな母をどうにかできないでしょうか? 195

Q24 家族 親戚

私は一人っ子で両親は離婚し母に引き取られましたが、父方の祖母から墓を継いでほしいと言われました。お墓の面倒まで見られないという気持ちです。 201

Q25 家族 兄妹

とても素直で一生懸命、友達思いの弟(30歳)がいます。面接で緊張してうまく話せず、ずっとアルバイトをしています。どうすればいい仕事を見つけて就職できるでしょうか? 207

Q 26 友達 勧誘

投資や保険、ネットワークビジネス、エステなどによく勧誘されます。うまい断り方と、何か目的があって近寄ってくる人の見分け方を教えてください。 213

Q 27 友達 自慢

友人が自慢ばかりしてきます。どうしてこんなに自慢をしてくるんでしょうか？ 218

Q 28 友達

周りの友達はレベルが低いような気がします。どうして私はこんなに友達に恵まれていないのでしょう？ 223

Q 29 友達 嫉妬

仲がいい女友達がいるのですが、別の友達と遊びに行った話をすると、とても嫌がります。彼女ももちろん大切ですが、彼女以外の友達も大切です。 227

Q 30 友達

しっかりした“お姉さんタイプ”である友人のお節介にイライラします。 232

装丁　西垂水敦（krran）／本文デザイン　飯富杏奈（Dogs Inc.）／ＤＴＰ　横内俊彦／図表制作　土屋和泉

第1部

キレイゴト抜き！
女子の
モヤモヤを消す方法

CHAPTER 1

頑張っているのにうまくいかない理由

どうしてもうまくいかない！

生きているとうまくいかないことがありますよね。
あなたはこれらのことに、身に覚えはないでしょうか？

・彼の負担にならないようデートがキャンセルになっても我慢しているのに、私の気持ちはちっとも思いやってくれない。
・上司に仕事の進捗が遅いと叱られ謝ったけれど、上司の指示自体に落ち度があり、それを伝えられず悔しい想いをした。

・親切心でやってあげたことを、同僚が当然のように思っていて、感謝もしてくれない。
・職場の労働環境があまりに過酷なので転職をしたら、転職先は、それ以上に過酷だった。
・好きだと言ってくれる相手は、どうでもいい人ばかり。自分から好きになる人には振り向いてもらえない。
・少額の小銭をちょこちょこ借りては全く返さない友達に何も言えない。
・前の彼氏が浮気性だったことにほとほと懲りて、次の彼氏は誠実な人にしたつもりが、その新しい彼氏も浮気性だった。

こんな状況を改善したいと努力したつもりが、うまくいかなかった。
また、うまくいかないどころか悪い結果になったという経験がある人は多くいらっしゃるのではないでしょうか。

その原因が、相手にあると思ったり、自分にあると思ったりして、色々な形で反省することはあると思います。もしくは、嫌な記憶として封印したり、忘れようとしたりすることもあるでしょう。

でも、そうやって反省したり、封印したりしたとしても、今後同じようなことが二度と起きないかというと、そんなことはありませんよね。ダメだと思っていても、止められないことはありますし、これらは解決しないことがとても多いんです。

これはどうしてなのでしょうか。

うまくいかないのには理由がある①悩みの原因が正確に見えてない

同じ悩みを何度も抱えてしまうのには、理由があります。

その理由は二つです。

まず一つ目の理由は、**「何が悩みの原因なのかを正確に把握できていない」**ということです。解決しなければならないと思った悩み（モヤモヤ）が、実は悪い結果をもたらしている本当の原因ではないということです。

たとえば、あなたが働きすぎなどで強烈に疲れているとき。疲れていると色々なことが億劫になり、正常な判断ができず、人付き合いでも問題に遭遇しがちです。これを「私は人間関係に問題を抱えている」と思ってしまえば悩みは解決しません。働きすぎが真の原因だからです。

私は、仕事量が多く働きすぎていた頃、通勤時の駅の改札を通る時に、家の鍵でＩＣ部分にタッチし、改札が開かず困っていたことが何度もありました。そのため、同じ問題が起きないように一時的にタクシーでの通勤に変えました。ですが、この問題を解決するための本来の方法は、タクシー通勤ではなく仕事量を調節することですよね。今になってみると馬鹿げたことをしていたものだと思います。

また、それまでの経験によってつくられた〝**思い込み**〟**があるときにも、悩みの原因を正確に把握できない**ことがあります。

国や文化が違えば、当然、国ごと文化ごとにモノの捉え方は大きく変わります。個人単位でも、育ってきた環境やそれまでの経験によって、人それぞれにモノの捉え方は大きく異なるものです。

両親が愛し合っている共働きの家庭で育った長女と、両親がいがみ合っている専業主婦家庭で育った次男がいるとします。この二人が結婚して夫婦生活を営む場合、家族観がまったく同じだと断言できるでしょうか？

違うだろうなと思われる人の方が多いですよね。

モノの捉え方というのは人それぞれであり、これは〝遭遇した問題〟の捉え方にも同じことが言えます。**捉え方が色々あること自体は否定されるものではありません。**

ですから、この男女が「もっといい家族でありたい」と考えたときに、何を問題だと考え、解決しようと思うかは、異なっている可能性があるのです。

妻は夫婦の時間が取れないことを問題だと思っており、夫は、妻が家事に専念できるくらいに自分が稼いでいないことが問題だと思っているかもしれません。

問題の捉え方が間違っていたり、関係者の間で共有できていなかったりすると、どんなに悩みを解決しようとしても、まったく解決しないこと、遠回りをすることがあるのです。

うまくいかないのには理由がある②解決策が不適切

同じ悩みを何度も抱えてしまう理由の二つ目は、解決策が不適切ということです。これは、とても厄介です。

悩みの原因が何だったかを正確に把握できていたとしても、適切な解決策を取らなければ、同じ悩みを抱え続けることになります。

学生時代に取った資格が活かせると思って働き始めた職場でしたが、ブラックすぎることが理由で転職。しかし、転職先もまたブラックだったとします。

ブラック企業をまた引き当ててしまったのは、転職先の下調べができていなかったからだと反省して、次の職場は事前に十分調べたし、面接でもブラックではないことを確認したつもりでした。しかし、またブラックな労働環境でした。

なぜこんなことが続いたのかというと、最初に働いた会社も転職先の2社も同じ業界で、その業界自体がブラックだったというのが理由です。

資格が使える職場を基準として転職活動をしていたために、同じ業界の求人にしか目に入っていなかったのです。この場合、ブラックではない環境で働くための正しい解決策は、〝違う業界に転職すること〟になります。

この例について「いやいや、業界がブラックなことなんてわかるよ。悩みの原因をしっかり把握していれば解決策は正しいものを選べるでしょう」と思われるかもしれません。
ただ、正しい解決策というのは、誰もが常に選び続けられるわけではないんです。

というのは、ある悩みの**解決策が、その人の目には入ってこなかったり、逆に解決策がたくさんあるように見えて適切なものが選べなかったりするから**です。
仮にその選択肢が適切であったとしても、その人にとっては実行が難しいということもありえます。

たとえば、ダイエット一つとっても、その方法は世の中に溢れています。
インターネットで「ダイエット」「方法」と検索すれば、10以上のダイエット方法がすぐに見つかるでしょう。

多くの選択肢がある中で、仮にその人にとって適切なダイエット方法があったとして、誰もがピンポイントで自分に最適な方法を見つけられるでしょうか。

それができていれば、奇妙なダイエット方法が話題になることや、ダイエット商品が毎年バカ売れするなんてことはありません。

実際は、**多くの人が正しい解決策を選べていない**のです。

また、正しい解決策を選べたとしても、その解決策の実行が難しいこともあります。

たとえば、外国語の学習方法です。大体どんな言語でも、文法と発音を正しく学習しつつ、一定の語彙を身につけた上で、その言語を使わざるをえない環境に身を置けば習得できることがわかっています。

しかし、それがわかっていても、英語の習得に苦しんでいる日本人はたくさんいます。まず、英語を使わざるをえない環境に身を置くのが難しいからです。

このように、悩みに対し正しい解決策を常に選び続けることは、簡単ではありません。

「正確に把握」「正しい解決策を選び続ける」で生きやすくなる

個人個人の特殊な理由によって悩みに適切に対処できないことがあります。本人からしたら、どうしても解決できない。解決できる姿が思い浮かばないことを他人が「ほら、簡単でしょ？」と言って示しても、ことはそううまく運びません。

だからと言って、自分が良かれと思ってやったことがうまくいかなかったり、空回りしたりが続くのはつらいですよね。人生で困ったことがあったときに、何が悩みの原因かを正確に把握でき、それに合った解決策を選ぶことができれば、どんなに快適でしょう！

一方で、うまくいかないことが続くと「自分の人生は自分では対処ができないもの」と思うかもしれません。確かに、人生の舵取りは、人によって得手不得手はあります。

でも、人生の悩みに適切に対処することがまったく不可能かと言えば、そんなことはありません。どんなに苦手でも訓練し意識すれば、少しずつ悩みの原因を正確に把握し、その原因に合った適切な解決策を選べるようになれるのです。

CHAPTER 2

モヤモヤしない考え方は誰にでもできる

人生相談が大好きなブロガー

「わざわざ本まで出して、こんな偉そうなことを言うのだから、この著者の人生はさぞかし生きやすいのだろう」「悩むことなんてないのだろう」と思われる人もいるでしょうから、私について少し書いてみます。

私は『斗比主閲子の姑日記』というブログを書いています。

ブログは2013年8月に公開し、3年ほど運営しています。当初は二世帯住宅での恨みつらみを書くために姑日記というタイトルとしたのですが、姑とのコミュニケーションが改善され、書くことがなくなってしまいました。

一方で、私自身は、コンテンツとしての人生相談が大好きで、当時既存の人生相談サイトには若干飽きていた部分があり、私のブログでも人生相談を募集しました。

すると、「高学歴独身女性だが、自分に見合う男性がいない」「どうやら私は性的ＤＶを受けているみたいです。離婚するべきでしょうか？」といった内容の相談が毎週のように届くようになりました。

私は、悩みというものは、**本人がそれを言葉に出して語った時点で解決の道に入った**と考えています。何しろ、多くの場合、本人がその悩みの存在に気付いていなかったり、自分で解決しようと思わなかったりするからです。

まず、**悩みに気付いて、誰かに相談しようとすること自体に意味があります。**誰かに伝えようとすることで、問題を自分の中で整理する機会が得られます。

また、**表現して相談したことで、モヤモヤがスッキリすることもあります。**絵を描いたり、箱庭に物を置いたりすることで、心の病を治療する「表現療法」に近いイメージでしょうか。

ですから、基本的に私自身はその悩みを〝ただ聞くだけ〟というスタンスを取っています。ただ、わざわざメールを送ってくださった読者への感謝の気持ちとして、傾聴（真摯に耳を傾けること）だけしてほしいのか、叱咤してほしいのか、背中を押してほしいのか、ロジカルな対策を提案してほしいのかを事前に聞くようにしています。

読者がほしい回答案を提供するわけですね。

インターネット上での人生相談というのは非常に多くの人がやっており、発言小町やヤフー知恵袋など、お悩み相談サイトもあります。

人生相談の回答者には、相談者に感情移入して自分の問題のように答えようとしたり、自分がやりたくてもできないことを相談者にやらせようとしたり、日常の鬱憤を相談者にぶつけたりする人が多くいます。そうして「離婚しろ！」「相談者さん、あなたが悪い」なんて極端な回答をするわけです。

私が人生相談に回答するのは、回答したいからではなく「普通では出会えない人生相談を見聞きしたい」ということが動機でしたから、悩み自体に感情移入することはなく、自分がしたいことを相談者さんに代わりにやらせようともしませんでした。

こういった人生相談の回答スタンスが魅力的に見えたようで、今では、なかなか外には漏らしにくい、複雑な人生相談をたくさんもらうようになりました。

正にそういったものが読みたくてたまらなかったので、読者と私の利害が一致し、今はうまくブログの運営ができているように思います。

ブログがきっかけで、ハフィントンポスト日本語版でブロガーとしての枠をもらうなど、ある程度好評なようです。

今となってはブログに姑の話題が出ることはほとんどないため、『姑日記』とブログに冠しているのがどうしてなのかわからない読者が大半ではないでしょうか。

もしかしたら、私自身が実際に姑（もしくは姑っぽいキャラクター）だと考えて、姑が更新しているブログだから『姑日記』というタイトルなのだと勘違いしているかもしれません。

お悩み解決は誰にでもできる

私自身がこんなに人の悩みを見聞きするのが好きで、その悩みの解決も（おそらく）得意になったのは、個人の素養があったからかと言えば、そうではありません。今から考えると環境的なものが大きかったように思います。

ここから少し、私の生い立ちについて触れたいと思います。

ちょっと重ための話もありますが、あえて紹介するのは、私が先天的に悩みの対処に優れた人間ではなかったことをお伝えするためです。

環境に適応して、悩んで、意識して、数十年間、人間関係のトラブルに対処してきました。だからこそ、悩みへの対処という一見すると不透明なことを言葉にして説明することができています。

活躍しているスポーツ選手は、子どもの頃から運動ができた人が大半です。

本人のたゆまぬ努力はあるにせよ、自分ができるようになったプロセスをうまく説明できる人は少ないでしょう。できる人は、考えなくても補助輪なしで自転車に乗れ、なわとびの二重跳びや鉄棒の逆上がりができてしまいます。

だから、スポーツが上達する方法を学ぼうとすると、元から運動ができた人より、スポーツ科学を専攻にした研究者の指導のほうが、一般の人の参考になるのです。

モヤモヤが消える、人生がうまくいくための考え方は、決して限られた人だけにできる名人芸ではありません。私にとっては、**「どうしてもうまくいかない！」ことを考え抜いたからこそ身に付いた後天的な習慣**です。

だからこそ、悩みの解決方法を再現性があるように説明できると考えています。

友達は別れれば作ればいいもの

私は子どもの頃から、人間関係の一つの形態である友達関係は、必ずしも絶対的なものではないと考えていました。現在では、更に範囲を広げて、**友達に限らず、職場の人間や、**

究極的には家族でも、多くの人間関係は主体的に作り直せるものと考えています。

こんなことを考えるようになったのは、様々な書物から知識として学んだ部分もありますが、実際に自分が体験してきたからです。

小学校の頃、私は親の仕事の都合で何度かの転校を経験しました。

最初の頃は、仲良くなった友達と離れ離れになるのが悲しくて泣いたり、手紙や電話でやり取りしたりしました。

しかし、仲良くなった友達と別れ、新しい友達を作ることを繰り返すうちに、私は「友達とはいずれ別れが来るもの」「いなくなればまた作ればいいもの」と考えるようになりました。

こうして、今の「人間関係は主体的に作り直せるもの」という考え方の基礎ができあがったのです。

あなたは自然に友達ができた人でしょうか？〝学校で友達を持つメリット〟は、自然に友達ができている人には意識しにくいものです。

友達がいると、休み時間や放課後の遊び相手、話し相手になります。遠足や林間学校など学校の集団活動で一緒に行動する人にもなってくれますよね。

一人でいることの寂しさを紛らわせてくれる存在でもあります。

友達作りは、新天地での生活を快適なものにするためには非常に重要です。

ですから、小学生の私は、いかにして友達を短期間で効率的に作るかを意識するようになったのです。

小学生でも、中学生でも、大人でも、友達関係はグループ単位で成立しているものです。最小で二人、最大で十人くらいでしょうか。住んでいる地域が一緒だったり、趣味が同じだったり、同じスポーツクラブに所属していたり、友達関係は共通点によって結び付きます。

グループの中には、グループを率いるリーダー格がいて、時には補佐がいて、他のメンバーはリーダーや補佐に基本的には従うように行動します。

年齢が上がれば上がるほど、この辺の垣根は、ぱっと見た感じではわかりにくくなるものの、小学生の友達関係ですと、とてもはっきりしています。

転校した学校で、私はまず、どんな友達グループがあるのかを観察しました。

次に、自分と何か共通点があるグループと接触します。そして、そのグループの中で、リーダー、補佐、それ以外のメンバーのバランスが取れているかを見極め、どれかの役割を意識的に果たすようにして振る舞いました。

こうして、私は転校先でも友達を容易に作ることができたのです。

いじめに遭遇

人間関係は新しく作れるだけでなく、すでに出来上がったものでも、**押すべきところを押せば変えられる**部分があります。それを私に実感させたエピソードが、いじめです。

転校を繰り返す中で、いじめは一つの大きな転機でした。

そもそも転校生は、その存在自体が子ども社会の中の異物であるため、いじめられやすい傾向があります。転校生として興味を持たれているうちに仲良くするグループが見つからないと、容易に弾き出されるものです。

すでにある人間関係に転校生の存在は異物に見えるので、既存の生徒が転校生を排除しようとする（もしくは存在しないものとして扱う）んですね。

加えて、私がすでにいじめられていたクラスメートを助けようとしたことが相まって、結果的に私はいじめのターゲットになりました。

いじめは1年くらい続き、私は「もうここから逃げ出すことはできない」と絶望していたのですが、その後、私自身の変化と環境の変化によって状況は大きく変わりました。

まず、私の身長が10センチほど伸びて見た目が大きく変わり、運動ができるようになって、勉強の楽しみに目覚めました。そして、3段階評価でオール2に近かった成績がオール3になりました。

そして環境の変化として、学校側でもいじめへの対処が行われました。

厳しい先生が学年主任となり、その先生が私の担任になったのです。急激に成績が良くなった私は、その先生のお気に入りになりました。

同時に、私をいじめていたクラスメートたちは手のひらを返し私と仲良くしようとし始め、いじめはなくなりました。

私は子どもながらに理不尽を覚えつつも、この出来事によって、すでに出来上がった人間関係でも変えるための方法があるのだと知りました。

自分自身の**今ある武器を把握し、時には武器を増やして、適切にアプローチ**すれば、難攻不落と思える問題でも解決できることがあるという成功体験を得たのです。

中学で大人の問題に触れ、大学で解決策を学ぶ

中学校に進学した私は、特定のグループだけでなく多くのクラスメートと接点を持とうとし、結果として、少し荒れたクラスメートとも仲良くするようになりました。

これが、先生や親から非常に好意的に受け止められました。

荒れたクラスメートにも声掛けをし、クラス内の調整役のようになっていた私は、先生

から、より支持されるようになりました。
加えて、荒れたクラスメートの親からは、「うちの子どもと付き合ってくれてありがとう」と感謝されました。優等生として扱われていた私と我が子が仲良くしていることによって、安心感を得たようでした。自身が持つ武器がクラスメートだけではなく、大人に対しても有効だと分かった瞬間です。

幼少期の転校、いじめからの脱出、先生・親からの感謝など、私にとっての小学生～中学生時代の経験が人間関係のトラブルを解決するための観察眼を養い、自身の武器を把握する機会となりました。

大学では、文化人類学、心理学、教育学、経済学、法学などの様々な学術分野に触れる機会を得て、ものごとの多岐にわたるアプローチ方法を学びました。
大学で得た問題を解決する様々なアプローチ手段を、仕事や人間関係にも応用し、今ではブログへ寄せられる多くのお悩みへの回答にも役立っています。

CHAPTER 3 女子のモヤモヤを消す方法

あなたのモヤモヤは特別ではない

では、具体的にモヤモヤを消す（悩みを解決する）方法を紹介します。

本題に入る前に、まず、意識しておいてほしいことがあります。

それは、どんなモヤモヤであっても、これだけ多くの人がいれば、**誰かは同じようなモヤモヤを経験している**という観点です。

あなたのモヤモヤは特別なものではありません。「そんなこと言われなくてもわかってる」と思われるかもしれませんが、モヤモヤを抱えている渦中だと自分の悩みは特別だと思いがちです。「なぜ私だけがこんなに不幸なの」と考えてしまいます。

たとえば、20～30代で婚活をしている女性がいるとします。婚活がなかなかうまくいかず、周りはどんどん結婚していく。「どうして私だけうまくいかないんだろう」と思い悩むかもしれません。

しかし、統計では20代の女性の未婚率は60％を超えますし、30代前半の女性の三分の一は未婚です。結婚していない女性は多くいるのです。

男女の出会いはマッチングであり、需給環境に大きく影響を受けます。20～30代の男女を比較すると、女性のほうが結婚したいと思う人の割合が高いので同世代の男性と結婚するのは必ずしも簡単なことではありません。つまり、結婚できないのは、この女性だけではないのです。

ちょっと視点を広げてみれば、気がつくはずなのですが、ネガティブな感情に囚われていると、周りが目に入らなくなってしまいます。周りを意識するための心の余裕がなくなってしまうからです。

何かを思い悩んでいる人は、一旦**「私の悩みなんて誰かがすでに経験している、よくあ**

るもの」だと考えてみましょう。

「この悩みを抱えている人は他にもいる」と思うことで、楽になることもあります。

そして、悩みに対して客観的にアプローチができるようにもなるのです。

モヤモヤを解決するための具体的なステップ

モヤモヤを解決するためには、次のようなステップがあります。

①モヤモヤをできるだけはっきりと把握する
②モヤモヤを細かく分ける
③自分が持っている武器を確認する
④持っている武器を利用して細かく分けたモヤモヤに取り組む

このステップは、経営コンサルタントが、企業等の問題を解決する仕組みと同じです。まずは、モヤモヤが何かを正しく、漏れなく、ダブりなく把握することが大切です。

もし、④の結果を見て、細かく分けたモヤモヤのうち解決できていないものが残れば、①でモヤモヤが正確に把握できていないと考えて、もう一度モヤモヤを把握し直します。もしくは、③の自分が持っている武器では解決ができないと考えて武器を増やすか、「これ以上の対応には限界がある」と諦めて、〝その時点ではそこで終わらせるか〟を考えることになります。

これも企業の生産管理で使われるPDCAサイクルという考え方を応用しています。**PDCAサイクルとは、Plan（計画）、Do（実行）、Check（評価）、Act（改善）という順序でものごとに対処して品質を管理する考え方**です。

個人が自分の人生を改善するために、同じように計画を立てて、実行して、評価して、改善して……、ということを繰り返しても別におかしなことではありません。

第1部で紹介した通り、モヤモヤを解決できないのは、モヤモヤを適切に把握できていないか、適切な解決方法を選択できていないか、また、その両方になります。

日々のモヤモヤに、右に挙げた方法で、毎回同じようにアプローチしていくと、悩みの把握やその解決が徐々にうまくなります。

次の項目から、①～④を具体的に解説しましょう。

モヤモヤを表現して把握する

まず、一つ目のステップの「モヤモヤをできるだけはっきりと把握する」について。これは、今あなたが抱えているモヤモヤを正しく把握することです。

過去、自分が経験した悩みと比較すること、友人・知人・家族に話してみること、世の中に同じように悩んでいる人がいるかを調べてみることが、モヤモヤを正しく把握する上で有効になります。自分が今抱えているモヤモヤを、できるだけ多くの視点で見つめ直すことで、モヤモヤを誤った形で把握することを防ぎます。

オススメは、自分が気になっているモヤモヤを他人に話すこと、紙に書き出してみることです。モヤモヤを表現することですね。

個別のQ＆Aでも説明していますが、モヤモヤは頭の中にあると〝とても対処ができない巨大な怪物〟や〝捉えどころがないもの〟のように感じられるものです。
どんな些細な事でも、頭の中でモヤモヤという怪物をそのまま飼っているより、どんな悩みかがはっきりとわかるようになります。

モヤモヤは細かく分けることで〝見えてくる〟

二つ目のステップ「モヤモヤを細かく分ける」です。これは、把握したモヤモヤを可能な限り細かく分けて分析することです。

「体調が悪い」ときに、それを「体調が悪い」というだけで終わらせずに、病院に行って検査することで、その体調の悪さが、身体のどの部位によるものか、メンタルの不調によるものか等をチェックするようなものですね。

たとえば、「職場での人間関係がうまくいかない」という悩みであれば、職場の一人一人の人との関係を考えることになります。

社内の人間であれば上司か、同僚か、部下か、社外の人間であれば取引先なのか。捉えどころのないモヤモヤも、こうして細かく分けると対処が容易に感じられます。

人間関係がうまくいかないと言っても、物凄く仲が悪い人もいれば、自分を少し嫌っているかもしれない程度の人と、一人一人違いがありますからね。

モヤモヤの原因と結果を分析するというのも有効です。

たとえば、「結婚できないかもしれない」というモヤモヤであれば、そもそも出会いがないのか、出会いはあるけれど会った相手と深い関係になりにくいのか、深い関係にはなっても心の傷を抱えていて次のアプローチをする気持ちになれないのか、というようなことです。

出会いの数は人によって異なります。深い関係になるテクニックは、出会うために必要なテクニックとは違うものが求められます。気持ちの問題にどう対処するかは、出会いや深い関係になる方法とは別物です。

こうやって細かく分ければ、有効な対処方法も見えてきます。

細かく分けた時点で、モヤモヤの把握自体が間違っているとわかることもあるので、その後のステップが無駄にならないよう、この工程は除かないようにしましょう。

できることとできないことがある

三つ目のステップは、「自分が持っている武器を確認する」です。

正確に把握できたモヤモヤ（悩み）に対して、全ての解決策が実行できるかと言えば、そんなことはありません。

個人個人で持っている人間関係、家や車などの物、お金、知っていること（情報）は大きく異なります。**人によって、モヤモヤに使える武器は違う**のです。

友達がどれだけいるか、家族がいるか、健康かどうか、どれだけの知識を持っているのか、かけられるお金はどれだけあるか、時間の余裕はあるのか……こういったことで取れる解決策は自然と絞られます。

たとえば、働く女性が日々の家事に負担を感じているとします。この女性が結婚しているのであれば、夫と家事を分担することで解決できるかもしれません。夫がいなくとも、仲の良い友達とルームシェアをして同じことができるかもしれない。実家と折り合いがよく、実家の近所で仕事が見つかれば、実家で暮らしてもいい。お金が十分にあれば家事代行サービスを使ってもいい。時間はそもそもないから家事に負担を感じているのでしょうが、家事を効率化する方法を勉強するのも有効ではあります。

人それぞれできることとできないことがありますから、そもそも自分があまり持ち合わせていない武器を使って、問題を解決しようとしてもうまくはいきません。

モヤモヤに対処する前に、あなたが持っている武器を整理してみましょう。

「ここまでできれば満足」と思えるゴールを決めよう

ここまで来て、ようやく四つ目のステップ、「持っている武器を利用して細かく分けたモヤモヤに取り組む」ことになります。

実際にモヤモヤに取り組んでみても、うまくモヤモヤが解決しないことはあります。

そのときは、最初に紹介したように、モヤモヤをうまく理解できていなかった、自分の持っている能力や知識が足りていなかったと考えて、再度、自分のモヤモヤはどんなことなのかを考え直したり、解決方法を検討したりすることになります。

また、〝諦める〟という選択肢もあるかもしれません。

諦めることは、「自分にはどうしても解決しようがないもの」として受け入れることを意味します。どうにかできるのではないかと苦しむより、モヤモヤ自体を〝避けられないもの〟として受け入れたほうが楽になる場合もあるのです。

その意味では、諦めるとまでは行かずとも、**「ここまでできれば満足」と思えるゴールを決めておく**のも重要ですね。

たとえば、あなたが職場の人間関係で困っていたとします。ちょっと重たい例ですが、どうやら上司から目の敵にされている。

最初はステップ①「モヤモヤをできるだけはっきりと把握する」ですから、あなたがどんなことで困っているのかを紙に書き出してみたり、友達に話してみたりして、何が問題なのかを明確にしていきます。

どうやら、自分がされていたことはパワハラと呼んでもいい嫌がらせだったことがわかりました。整理してみて気付くことってあるんですよね。

次はステップ②の「モヤモヤを細かく分ける」です。

嫌がらせを行っている相手を確認します。基本的には上司でしょうが、複数上司がいればそのうちの誰なのか・全員なのかを整理します。上司が嫌がらせをしてくる状況を書き出してみるのも有効です。何かが起きた後に嫌がらせが起きるという繋がりを推測することができるからです。

そして、ステップ③の「自分が持っている武器を確認する」です。

嫌がらせに対して、自分は何ができるかを考えます。自分の力で解決できないからこそ、現時点の悩みがあるのですから他人を頼る形になります。

会社の人事部に相談するというのが一番の線ですが、仲の良い同期や先輩を頼るということも考えられるかもしれません。今の上司と同じ役職の、違う部署の上司に相談することも選択肢として入ります。

最後に、ステップ④の「持っている武器を利用して細かく分けたモヤモヤに対処する」ことになります。

結果として、嫌がらせは収まったとしても、その上司が降格や配置転換にならず職場が同じであり続ければ、多少気まずい思いをすることはあるかもしれません。

ただ、何のアクションも取らなければ、嫌がらせは更に悪化していた可能性もあります。悪化はせずとも嫌がらせが継続していたら、同じ職場で気持ち良く働き続けることはできないですよね。

残念ながら、現実の世界ではフィクションと違ってモヤモヤ（悩み）が完ぺきに解決されないことも多いです。「モヤモヤを放置して今より悪くなった状態と、モヤモヤがある程度解決された状態のどちらがいいか」を比較することになります。

いつもうまく解決できるというわけでもありませんから、ある程度妥協して、**ここまでできれば十分だと納得感を得ることは大切**になります。

CHAPTER 4

モヤモヤの解決がラクになるヒント8

人生のお悩みを解決する〝トラブルシューター〟

読売新聞の人気コーナーに『人生案内』があります。読者の投稿に対してその道の専門家が回答するというもので、これがもとになって、『発言小町』というお悩み相談サイトが生まれました。

この『人生案内』の英語版ではタイトルが『Troubleshooter（トラブルシューター）』となっています。日本語に訳せばトラブルを解決する人でしょうか。人生案内ならば人生を案内する真面目なガイドのイメージがあっても、トラブルシューターとなると、ゴーストバスターと同じように、到底解決できなさそうな悩みでも積極的に解決する達人みたいなイメージになりますよね。私は、このトラブルシューターという単語が大好きで、ちょっと恥ずかしいですけれど、自分自身を日常生活のトラブルを解決するトラブルシューターと考えています。

この節では、そんなトラブルシューターの観点で、意識をしておくとモヤモヤの解決が楽になる、失敗しにくくなる、ちょっとしたテクニック・考え方を八つ紹介します。

①試行錯誤を恐れない

人生において取り返しのつかない失敗というのは究極的にはありません。それは人間関係の悩みでも同じことです。

仮に他人とのもめごとの解決に失敗することがあれば、その人に謝り同じことを繰り返さないように教訓を得たらいいわけです。

人は他人に対してそれほど興味を持っていません。

ですから、たとえあなたの最初の印象が悪くとも、後で挽回する方法はいくらでもあります。むしろ失敗を恐れて何もしないでいたほうが状況は悪化しがちです。

「少し誤解されているかもしれないけれど、それほど大事に至っていないから、別にフォローしなくていいかな」という考えは人間関係の問題に発展する危険があります。


あなたがちょっと可愛いと思っていた部下の男性と一緒に出張し、その後、部下の男性がやけによそよそしくなったとします。出張の日の夜、部屋に遊びに行った時も楽しく会話ができたし、特に思い当たるフシはありません。勘違いかなと思って、その後も気にせず仕事を振っていました。

しかし、徐々にその部下の仕事のミスが増えるようになり、いよいよおかしいと思って、プライベートで話す時間を設けようと話した直後、その部下の男性から辞表が提出されました。

自分の上司も交えて辞表の理由を問いただしたところ、部下の男性は出張中にあなたからセクハラを受けたと考えていて、その後のあなたの行為が全てセクハラに見えたということでした。プライベートで話そうというあなたの〝善意〟が最後はトリガーになって、「もう一緒に働きたくない！」と思われてしまったようです。

出張直後でよそよそしいなと気付いたときに一言、「何か悩んでいることはある？」「気になったことがあったら言ってね」と聞いていればこんなことにはならなかったかもしれません。

相手が「あなたにそれほど興味を持っていない」のであれば、**あなたの行動や発言を、あなたの意図とは関係なく相手の都合で受けとってしまう**可能性は高くなります。自分の善意が必ずしも善意に捉えられないのです。

他人から誤解されやすいということであれば、あなたが他人から誤解を与えやすい言動をしていることになります。

人生におけるあらゆる悩みに試行錯誤をして挑戦するうちに、自分の特性に気付き、問題の発見と解決までの流れをスムーズにこなせるようになります。「何か失敗しているかもしれない」という直感を大切にし、第一歩を踏み出すことを恐れないようにしましょう。

②育ってきた環境でモノの捉え方は変わる

ものごとの捉え方は人それぞれで、あなたにとっては黒に見えるものを白だと言う人はいます。ものごとの認識に違いがあれば、考えることも変わります。

黒と白という色の例を出しましたが、色の定義は時代や国（地域）によって異なります。日本では伝統色として色彩語（色の名前）が４６５種類あります。この区分通りに色を認識できる人は、日本人でもそう多くはないし、外国人であればなおさらでしょう。また、北方に住むイヌイットは白に関連した色を数十種類持っているそうです。普段から雪に接していることから、「白」に敏感なのかもしれません。北海道の雪を見たときに日本人であれば「うわー、まっ白！」と思うところが、イヌイットであれば、その雪を異なる色で表現することでしょう。

また、不快な事例ではありますが、「大学の飲み会の帰りに男性の先輩と一緒に帰ったら、強引にキスされそうになった」と、あなたは怒り心頭だとします。

あなたが「そんなつもりはないですから止めてください」「嫌です」と言っても、その先輩は「嫌だったら二人きりで一緒に帰って、もたれかかって来ないだろう」「嫌って言っても本当は嫌じゃないのはわかっているよ」と答えてきた。

こういったギャップが起きた理由は、「男性にはできるだけおあずけにしたほうがいい」という恋愛のテクニックがあるとして、この先輩はあなたがこのテクニックを使っていると考えたのかもしれません。または、過去に同じような状況を経験しており、相手の女性が本当は嫌がっていなかったことがあったのかもしれません。

また、その先輩が「女性にはちょっとくらい積極的にいかないとダメだ！」なんて恋愛本を読んでいたかもしれません。

大きなところでは国の違い、小さなところではその人が得た経験で、モノの捉え方は大きく異なります。「どうしてこんな問題が起きているんだろう？」というときには、文化的なギャップや経験や知識の違いなどが原因であることが往々にしてあるのです。

③自分に認知の歪みがあるかもしれない

色々な人がいるという場合の**「色々な人」には、あなた自身も含まれます。**

自分がどんな人間であるかがわかっていないと、他人と自分の間のギャップがどれくらいあるかもわかりません。**自分を知るのが人間関係の悩みを解決する第一歩**と言っても過言ではありません。

これに対して「何を言っているんですか？　自分のことは自分が一番良くわかっています!!」と思われる方がいらっしゃったら、どうか、次の質問に即答してみてください。

「あなたはどんな人が嫌いですか？」

「あなたはどんな人と仲良くなれますか？」

「あなたが他人と比べて優れている点、劣っている点は何ですか？」

「(現在独身で将来結婚をしたいのであれば)結婚でどんなことを実現したいですか？」

簡単に答えられそうな質問のように感じます。

でも、いざ答えるとなると非常に難しい。簡単な質問でも答えられないくらい、**私たちは自分のことには無知なもの**なのです。

育ってきた環境がほとんど変わらない場合でも、モノの見方が大きく異なることはあります。この場合、何らかの理由で価値観が違っていたり、ものごとを認識する際の偏り（認《にん》知《ち》の歪み）があったりする場合が多いのです。

「認知の歪み」とは、偏ったモノの考え方のことです。

認知の歪みがあると、友達から悪口を言われたときに「もう、あの子は友達じゃない！」と極端な方向に考えてしまったり、友達が自分に挨拶をしてくれない場合に「もしかして私は嫌われてしまったのではないか」と思い込んでしまったりします。

認知の歪みは大変な曲者で、**自分自身ではなかなか気付けません。**歪んだ認識でも成立するように世界を認識しているので、周りからすると変なことでも、本人の中では矛盾がないのです。

認知の歪みが発生するのは、過去のトラウマを引きずっていたり、成功体験に引っ張られていたり、過大なストレス下にいたり、何らかの病気を抱えていたりと様々です。

あなたにもちょっとした認知の歪みがあるかもしれません。自分に「認知の歪みがある」可能性があると意識することは、なかなか出来ないことですが、それだけに重要です。

もし、自分のことをよく知りたければ、**自分がどういう考え方の傾向があるかをチェックすること**です。

自分にとってとても嫌な出来事があったときに、その内容を紙に書き出してみましょう。日々の出来事を日記に書いてみるのもいいでしょう。そして、書いた内容を時々読み返してみるのです。

同じ人間でも時間が経てば自分のことを客観視することができます。「あれ、何で私はこんなに怒っちゃったんだろう」「もしかして自分のほうが悪かったのかもしれない」と思えればしめたものです。それが、自分の心の歪みに気付けた証拠です。

また、**自分を知るために他人と比較する**のも有効です。

様々な出来事について、できるだけ多くの他人の意見と自分の意見を、繰り返し繰り返し比較してみてください。

友達や恋人と比較してもいいですし、無理ならインターネット上の意見と比較してもかまいません。今時はSNSが発達していますからニュースや事件の感想をたくさんの人がつぶやいていますからね。サンプル数が増えれば増えるほど、自分の見方がどんな人達と似ているのか、どんな人達とは異なっているのかという傾向が把握できるようになります。

「敵を知り己を知れば百戦危うからず」です。

④ギャップがあればあるほどもめる

自分と他人、他人と他人同士で、**ギャップ（距離感）があればあるほど、もめごとが起きやすくなります。**先ほど紹介したようなカルチャーギャップもそうですし、物理的な距離もそうです。

一方で、距離感がそれほどない人同士では、問題が頻発しないものです。問題が起きてもすぐに改善できます。


わかりやすいのは、妻と夫の間での問題と、妻と姑との間の問題ですね。

距離感で言えば、一般的には妻と夫のほうが近くなります。

たとえば、扉の開閉の音がうるさいという問題が発生しても、お互いの距離感が近いほうが、解決のためにどういう話を展開すればいいのかを想像しやすいのです。

あまりに距離が離れすぎていると、お互いにどういう話をして妥協点を見い出せばいいのかが簡単にはわかりません。

だから、距離感が大きく離れているときには、**問題が起きている当事者の中間にいる人に、仲介してもらうことが有効な対処**となります。

嫁と姑のもめごとなら、姑の実子である夫が間に立つとうまくいくことが多いのは、そういうことです。


距離感の違いがわかっていれば対処も自然と決まってきます。

まずは、**「相手の考え方と自分の考え方には違いがあって当然で、相手は自分を攻撃しようとしているわけではない」**と意識することが重要です。

距離感がある場合、相手が言っていることに違和感を覚えます。いいと思う言葉遣いも違いますし、こちらを説得するための事例も違います。

相手の言っていることがまったく理解できないと、「もしかして私のことを攻撃しているのか？」と、悪意として受け取る可能性が高くなります。

思ったことをそのまま口に出してしまう人はいます。

そういう人と一緒にいると「太ったんじゃない？」「このご飯、美味しくない」という不満を聞くこともあるでしょう。

こう言われたら、あなたは相手が自分を非難しているように感じますよね。攻撃されたのだから、「どうしてそんなことを言うの！」「だったら自分で作ってよ！」と反論をしたくなる。

ただ、本人は思ったことを口に出しているだけで非難のつもりは実際にはないのです。

他人からの言葉が自分への攻撃だと考えると、解決できるものも解決できなくなってしまいます。お互い違っていて当たり前、あるがままを受け止めるというのが第一歩なのです。

その上で、相手のスタンスをどう理解しているかを伝え、一方で、自分はどういうスタンスであるかを説明することで、埋めるべきギャップがどんなものかを確認するようにします。

そして、自分が歩み寄る姿勢があることを示し、相手側からも歩み寄ってもらうことを示唆します。自分ですることが難しければ先ほど紹介したように第三者に仲介してもらうことになります。

⑤共通点をアピールする

自分と他人との間に距離感があればもめごとが起きやすくなります。ですから、もめごとを起こさない・円滑な関係を築くためには、**自分と他人の共通点を探すように努力し、相手に共通点をアピールする**のが有効です。

優れた営業成績を残す人は、これがうまいんですよね。つまり、相手の懐に入るということです。

たとえば、転職したてで新しい職場の人と話す機会があったとします。

その人の出身地、最寄り駅、前職、趣味や家族構成をまずは聞き出します。その上で、自分と共通点がありそうなものがあれば、それをきっかけにするんですね。「えー、私も○○県出身なんですよ！」「私も○○のバンドのファンで、よくライブに行っています!!」と伝えることで、相手は自分に対して親近感を覚えます。

こういうことを、接点がある人一人一人に地道に実行していくと、しだいに共通点がある話しやすい人ばかりになります。

また、**「相手の動きのマネをする」というテクニックも有効**です。

マネをすると言っても、子どものように相手が喋っていることをそのままオウム返しにするわけではありません。

相手の話すスピードに合わせたり、相手のメールの文量に合わせたりと、ちょっとしたことでも相手と同じように振る舞うのです。

こういったことを積み重ねることで、相手はあなたとのギャップを感じなくなり、コミュニケーション取る場合も気持ちが良いものと感じるようになります。

⑥相手を変えようとは思わない

モヤモヤや悩みを解決する方法として、〝相手を変えよう〟という選択肢が思い浮かびますが、これは一番オススメできません。

ブログの読者から「夫に変わってもらいたいんです！」といったお悩みがくると、私は毎回「無理です」とお答えするようにしています。


人を変えることは、たとえそれが些細なことでも非常に難しいことです。

人が変わるには、変わるための環境が用意されている上で、その人自身が変わろうという気持ちを持っていることが必要となります。

〝環境を提供する〟とは、相手が何かをすることで利益、または不利益を得るというインセンティブの提供だったり、やってほしいことを可能な限り細分化し、実行しやすくしたりといったことです。

まず、変わってほしい人のために、〝環境を提供する〟ことが何とかクリアできたとしても（大体、「なぜ苦労している私のほうが環境を用意しないといけないんだ！」と抵抗を示す人が多いのでこれも難しいのですが……）、**本人の気持ちは、本人にしかコントロールすることはできません。**

悩みがあったときに、相手が変わることばかり期待していると、悩みがいつまでも解決しないことになります。

第2部のQ&Aのパートでも紹介していますが、相手が自分に合わなくて嫌なのであれば、無理に付き合わなくていいのです。

自分に合わない相手を自分に合うように変えるのではなく、今の自分に合う相手と付き合うというのも選択肢に入れると良いと思います。

⑦自分勝手な期待を持たない・相手の期待を調整する

一枚でパッと理解できる資料を求めていたのに数十ページの報告書を作ってきた部下にイライラ、家を散らかして片付けない母親に怒りが爆発……。こういったモヤモヤは、**他人に自分の期待を押し付けていることによって発生しがち**です。相手が変わってくれないときのモヤモヤと同じですね。

モヤモヤしたくなければ、まずは、**他人がやることは〝そういうもの〟として、ありのままを受け入れる**ことです。

一方で、〝**相手に過剰な期待を抱かせない**〟というのも、もめごとを起こさないためには有効です。他人があなたに対してイライラしなくなります。

たとえば、あなたが何か成果物を他人に見せなければならないとき、事前に「こういうイメージの結果になると思うけどどう？」と伝えておくのです。

結果が出るまで相手を待たせることがなくなりますし、あなたも（不要となるかもしれない）作業をしなくて済みます。期待している結果にギャップがあることがこの時点でわかれば、「どうしたら期待している成果を出せるか」を聞いてみてもいいし、場合によっては「私にできるのはここまでです」と伝えてもいいのです。

あなたが他人にしてしまう期待をコントロールし、他人があなたにする期待をコントロールできるようになると、人間関係は格段に楽になります。

⑧もしかしたら「自己肯定感が低いのでは？」と考える

私が読者からの相談を受けていると、「あれ、この問題は相談者さん（もしくはトラブルの相手）の自己肯定感の低さが要因になっているのではないか？」と思うことが多々あります。

自己肯定感とは、**自分は価値のある存在だと肯定する感覚**です。

近年、自己肯定感が低いとうつ病になりやすいといった研究が発表されるなど、**「自分に価値があると思えるか」と「生きやすさ」との間には、密接に繋がりがある**ことがわかってきています。

日本人は他の国の人と比べて自己肯定感が低いようです。

国立青少年教育振興機構による日本、韓国、中国、アメリカの四か国の高校生へのアンケート調査では、日本の高校生は自己肯定感が低いという結果が出ています。

出る杭が打たれ、控え目であることが美徳とされる日本では、自己評価が多少低い方が、生きやすいのかもしれません。

ただ、過剰に自分の評価を低く見ていると、たとえ他人から褒められようと「いや、そんなことはないし」「どうせ私なんか」と卑屈に捉えてしまいます。

自己肯定感が低い状態で仕事をしていると、自分の能力にあった仕事を与えられても自分には無理だと感じられてプレッシャーになります。

恋人同士で、相手は自分のことを愛してくれていても、その愛情が信じられず、つい「あなたなんか嫌いだから」といった対応をして、相手を試してしまうのです。

仕事がうまくいかない、人間関係がうまくいかない……、表面的には様々な原因が考えられ、それを解決してもなかなか楽にならない……。

こういうときに、実は自己肯定感が低いことが原因であると考えると、モヤモヤや悩みは解決へと道が開かれることがあります。

自分の自己肯定感が低いときにどうすればいいかは、この後に続くQ＆Aでも一部触れますが（関連Q＆A29）、詳しくは対人関係療法の専門家の本（『自己肯定感、持っていますか？　あなたの世界をガラリと変える、たったひとつの方法』水島広子著／大和出版）を読むことをオススメします。

他人をあるがままに受け入れることで、自分もあるがままに受け入れて、自分を肯定できるようになります。

第2部

女子の
モヤモヤを解決する
お悩み相談室

Q1

38歳女性です。営業事務をしています。要領が悪く仕事もあまりできる方ではありません。でも、彼もいないし結婚の予定もありません。私はこの先どうすればいいのでしょうか？

A

何をしているときが幸せかを思い返してみましょう。

この先どう生きていけばいいか悩むことはありますよね。大きな失敗をしたとき、自分の限界を感じたとき、そして、周りができていることを自分ができていないとき、「自分は大丈夫なのだろうか」と悩むことは多いと思います。

今は、女性も男性と同様に働いて当たり前になっていますし、結婚して共働きという家庭も増えています。女性で、結婚しておらず、仕事もうまくいっていないとなると、常識的な生き方からズレているような感覚を覚えるかもしれません。

また、たまに親や親戚に会うことがあれば「いつ結婚するんだ」と何気なく言われることもあるでしょう。

女性の結婚年齢は20代後半と30代前半に大きく二つのコブがあります。つまり、この時期に結婚している人が多いということです。38歳ともなると、この二つのコブを超えているわけで、周りの知人・友人が「みんな」結婚しているという印象を受けるかもしれません。

私のブログにも同じような状況の人から「自分の人生は終わってしまった」というメー

ルをいただいたことがあります。では、実際にもう望みがないかと言えば、そんなことはないと断言できます。

まず、彼氏がいない状況について考えてみましょう。

ちょっと年齢はズレてしまうのですが、日本の独身男女18〜34歳を対象に交際状況を調査したデータがあります【図1参照】。このデータを見ると、**日本の独身男女で現在異性と交際していない人の割合が年々増加している**ことがわかります。

2015年の調査では、男性で7割、女性で6割が異性と交際していません。つまり、彼氏がいない、彼女がいないというのは、独身男女の中ではマジョリティ（多数派）なのです。

次に、結婚していないという状況についてです。

図2のグラフは日本の女性の未婚率です。1985年辺りから上昇し始め、この相談の年齢が含まれる35〜39歳では、2010年時点で23・1％が未婚です。さきほど紹介した独身者のデータでは異性の交際相手がいない女性の割合は2010年から2015年で10％も増加していますから、未婚率も同じ期間で増加していることでしょう。

図1　調査別にみた、未婚者の異性との交際の状況

異性との交際 交際相手との結婚希望 ／交際の希望	男性						
	第9回調査 (1987年)	第10回 (1992年)	第11回 (1997年)	第12回 (2002年)	第13回 (2005年)	第14回 (2010年)	**第15回 (2015年)**
婚約者がいる	2.9%	3.2	2.9	2.7	2.9	1.8	**1.6**
恋人として交際している異性がいる	19.4	23.1	23.3	22.4	24.3	22.8	**19.7**
結婚したいと思っている	…	15.1	15.5	13.2	15.9	15.1	**13.5**
とくに結婚は考えていない	…	7.7	7.3	8.7	8.1	7.4	**5.8**
友人として交際している異性がいる	23.6	19.2	15.3	11.3	14.0	9.4	**5.9**
結婚したいと思っている	…	2.3	2.2	1.6	1.8	1.5	**1.0**
とくに結婚は考えていない	…	16.4	12.6	9.1	11.9	7.6	**4.6**
交際している異性はいない	48.6	47.3	49.8	52.8	52.2	61.4	**69.8**
交際を望んでいる	…	…	…	…	…	32.6	**31.9**
とくに異性との交際を望んでいない	…	…	…	…	…	27.6	**30.2**
不詳	5.5	7.2	8.7	10.9	6.6	4.6	**3.1**
(再掲)結婚したい交際相手あり	…	20.6	20.6	17.5	20.5	18.4	**16.0**
総数(18〜34歳) (客体数)	100.0% (3,299)	100.0% (4,215)	100.0% (3,982)	100.0% (3,897)	100.0% (3,139)	100.0% (3,667)	**100.0% (2,706)**

異性との交際 交際相手との結婚希望 ／交際の希望	女性						
	第9回調査 (1987年)	第10回 (1992年)	第11回 (1997年)	第12回 (2002年)	第13回 (2005年)	第14回 (2010年)	**第15回 (2015年)**
婚約者がいる	4.6%	3.9	3.8	3.9	4.8	3.1	**2.9**
恋人として交際している異性がいる	26.2	31.6	31.6	33.1	31.9	30.9	**27.3**
結婚したいと思っている	…	20.8	20.0	21.9	21.0	21.9	**19.7**
とくに結婚は考えていない	…	10.4	11.2	10.4	10.2	8.5	**7.1**
友人として交際している異性がいる	25.4	19.5	15.9	12.4	12.9	11.9	**7.7**
結婚したいと思っている	…	2.2	2.4	2.1	1.5	2.0	**1.9**
とくに結婚は考えていない	…	16.6	12.9	9.9	11.3	9.6	**5.3**
交際している異性はいない	39.5	38.9	41.9	40.3	44.7	49.5	**59.1**
交際を望んでいる	…	…	…	…	…	25.7	**26.0**
とくに異性との交際を望んでいない	…	…	…	…	…	22.6	**25.9**
不詳	4.3	6.3	6.8	10.2	5.7	4.6	**3.0**
(再掲)結婚したい交際相手あり	…	26.8	26.2	27.9	27.3	27.0	**24.5**
総数(18〜34歳) (客体数)	100.0% (2,605)	100.0% (3,647)	100.0% (3,612)	100.0% (3,494)	100.0% (3,064)	100.0% (3,406)	**100.0% (2,570)**

注：対象は18〜34歳未婚者。「結婚したい交際相手」には婚約者を含む。「交際相手との結婚希望」および「交際の希望」における不詳割合は掲載を省略。ただし、構成にはこれらを含む。
設問「あなたには現在、交際している異性がいますか。」交際している異性がいる場合「（最も親しい）交際相手との結婚の希望」、交際している異性がいない場合「異性との交際の希望」。
出所:国立社会保障・人口問題研究所／第15回出生動向基本調査　結果の概要

つまり、**未婚の女性は増えている**のです。

こうやって統計を紹介したのは、この相談が決して少数派の悩みではないことをお伝えしたかったからです。

周囲に異性と付き合っている人が多い、結婚している人が多いということに焦りを覚えている人は、あなた以外にもいます。あなたは一人ではないのです。

同じような境遇の人が、実は他にもたくさんいるということは、一つの安心材料になると思います。

また、これまで付き合ってきた友達が次々と結婚し、子どもを持つようになり、話が合わず、辛いと思うこともあるかもしれません。これも、非常によくあることです。

女性の友人関係は共感を大切にするところがありますから、子どもの有無のように境遇が違ってくると、お互いに共感できなくなることもありますよね。

そうであれば、自分と境遇の近い人と接するようにすればいいのです。友達と一緒にい

図2　年齢別未婚率の推移（女性）

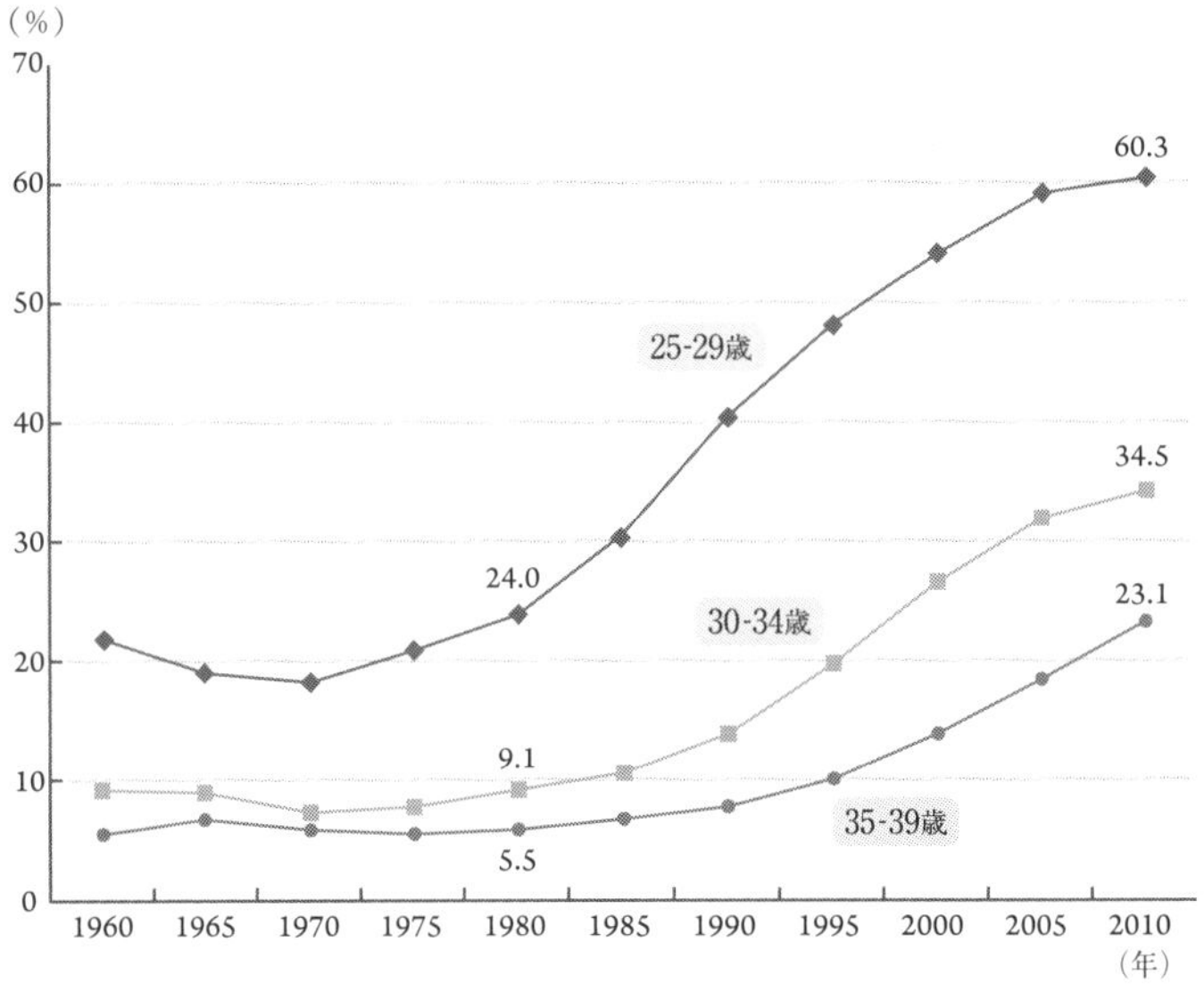

注：1960～1970年は沖縄県を含まない。
資料：総務省「国勢調査」（2010年）
出所：内閣府／平成28年版 少子化社会対策白書

るのは楽しいからで、合わないと思う人と無理して付き合う必要はありません。「じゃあ、縁を切るってこと？」と思うかもしれませんが、そうではありません。既婚・子持ちの友達も、10年、20年経てば、子どもの手間がかからなくなり、家族で過ごす時間も徐々に減ります。そのときはお互い独身時代のように付き合うことができるようになります。

ただこれは頭でわかっていても、満たされない気持ちが残るかもしれません。

その場合は、**自分の人生で何をしているときが幸せだったか、楽しかったかを思い出して、紙に書き出してみてください。** 自分の良いところを周りに聞いてみるのもいいですね。少し手間かもしれませんが、自分自身が幸せだったか、周りからどんな風に思われているかを確認してみると、これまでの自分の人生がそう悲観するものではないと思えてきます。

メーテルリンクの童話に『青い鳥』という話があります。有名な話ですので、ご存じの方も多いでしょう。幸せの青い鳥を探していたら、実は自分たちの身近なところにあったというものです。

私たちも、ついつい、どこかに幸せがあるのではないかと探してしまいますが、**幸せは自分の中にあるもの**です。

周りの幸せが気になっているときは、自分にとって何が幸せだったか、何をしているときが自分を好きでいられるかを考えて、その幸せを大切にすることをオススメします。

まとめ

- 彼氏がいないこと、結婚していないことはマイノリティではありません。
- 周りと比較して自分が不幸に感じるときは、自分が何をしているときが幸せだったかを思い出してください。

Q2

他人に自分の意見・気持ちを伝えることがとても苦手です。謝る必要がないことでもつい謝ってしまったり、言いたいことを言えなかったりします。そんなとき、悲しさ、悔しさ、自己嫌悪でいっぱいになります。こんな自分を変えるにはどうすればいいのでしょうか。

A

今のあなたを受け入れてください。

人に意見・気持ちを伝えるのが苦手で、どうしたら人にうまく伝えられるかという悩みですね。この悩みを抱えている日本人はとても多いと思います。

一般的に、人に何かをうまく伝えられない原因は、**相手の話を正確に理解し、相手に伝わるように説明する経験や技術が不足しているから**です。

ただ、日本では、単に経験不足や技術不足だけではなく、**話す前に「こんなことを言ったらダメなのではないか」という心理的な障害を持つから**というのも、もう一つの原因として考えられます。

そもそも「気持ちを伝えていいのか」という葛藤があるのです。

「自分の意見や気持ちを伝えて、それを認めてもらった」という成功体験があればあるほど、自分の意見を伝えることの葛藤は薄れるものです。

逆に言えば、自分の発言を誰からも認められなかった、伝えてもうまくいかなかったという失敗の経験が積まれるほど、意見を伝えることへの苦手意識が強まるようになります。

内閣府が2013年に、日本を含めた7カ国の13～29歳までの男女（要するに若者ですね）に行った調査では、「自分の考えをはっきり相手に伝えることができる」かどうかを質問しています【図3参照】。質問結果からは、日本人の若者は他の国の若者と比べて、自分の考えをはっきり相手に伝えることへの苦手意識が強いことがわかります。

子どもの頃のことをよく思い出してください。自分の意見を誰かに伝えることを褒められた記憶はありますか。

また、人の意見を理解する方法や自分の意見を伝える方法を具体的に教えてもらったことはありますか。

たぶん、多くの人はどちらもNOと答えるでしょう。

授業中に先生が「この問題がわかる人！」と言って、子どもたちが「はい！」「はい！」「はい！」と手を挙げるのは、せいぜい小学校の低学年まで。小学校の高学年くらいから、生徒は誰も手を挙げないというのが日本では当たり前の光景です。大人になり、会議や講演会に参加したとき、コーディネーター役の人から「質問がありますか？」と言われても、

図3　自分の考えをはっきり相手に伝えることができる

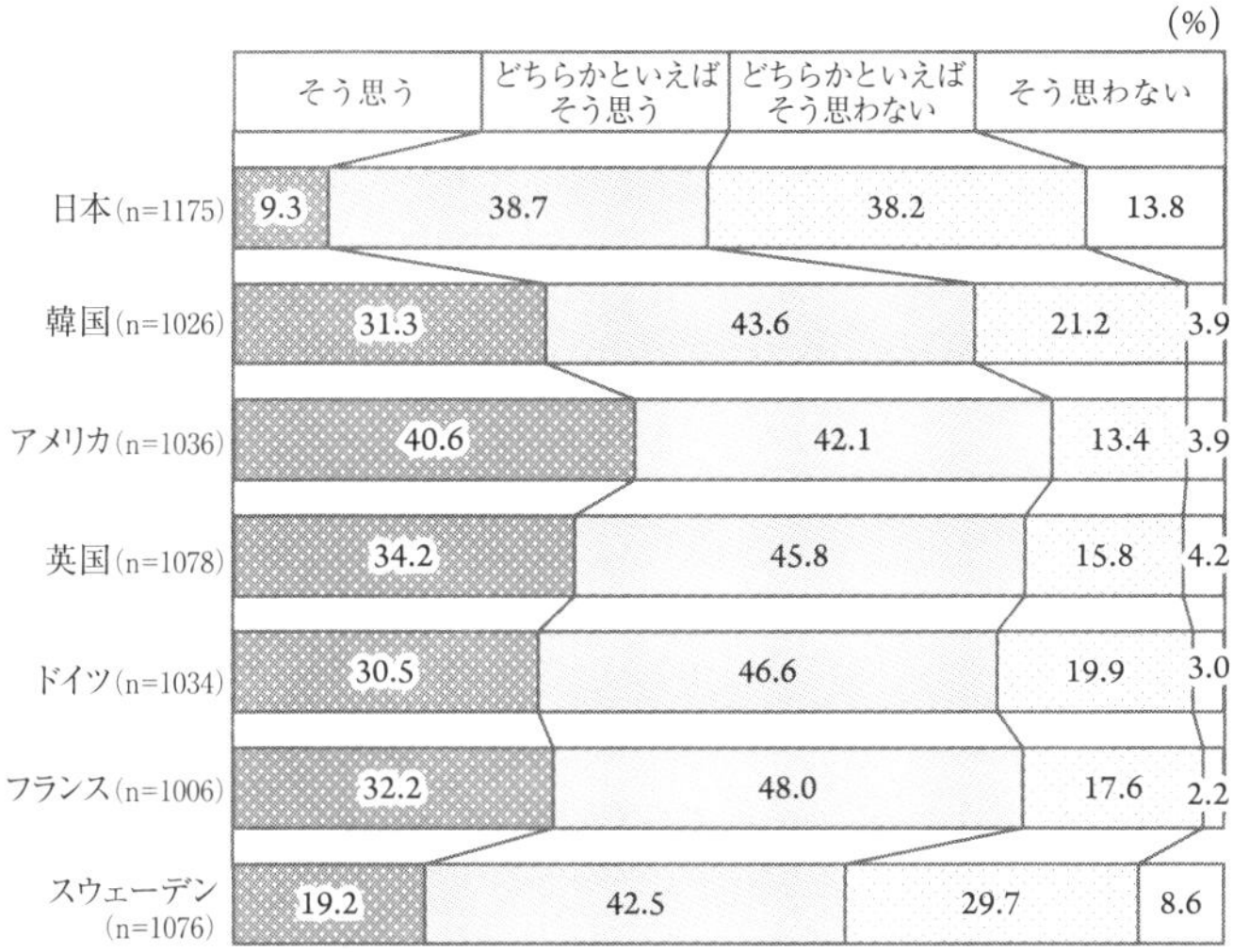

	そう思う(計)	そう思わない(計)
日本	48.0	52.0
韓国	74.9	25.1
アメリカ	82.7	17.3
英国	80.1	19.9
ドイツ	77.1	22.9
フランス	80.2	19.8
スウェーデン	61.7	38.3

出所：平成25年度 我が国と諸外国の若者の意識に関する調査

手が挙がることほとんどないでしょう。

日本で暮らしていると、人に自分の意見を伝えることがとても難しいと感じるんですよね。これらについては多くの研究が行なわれているので詳しくは省きますが、要は、「自分の意見を伝えるのが苦手」なのは環境による影響が大きいのです。

自分のことを伝えるのが苦手なのは、あなただけではないのです。

「得意ではない」と思えば思うほど、「ちゃんとできなければならない」という気持ちも強くなってしまいます。そして、余計にうまくいかなくなります。人前で話をするときや大切な試験を受けるときに緊張してしまうのと同じことです。

ですから、この相談への回答は「今のあなたを受け入れてください」となります。

今、意見や気持ちをうまく言えないのはおかしなことではありません。一気にできるようにならなくても大丈夫です。少しずつ経験を積み、徐々にうまくなればいい。**あなたの意見や気持ちには間違いなく価値があります。**

まずは「自分の意見を言ってもいい」ということを確認しましょう。

信頼できる友人や恋人がいれば「私は自分の意見を言うことに苦手意識がある。これから私が言うことをただ黙って聞いていてくれるかな。うまく言えなくてイライラするかもしれないけれど協力してほしい」とお願いしてみてください。

他には、自分の伝えたいことを紙に書くのもオススメです。

書いたものを何度も読み返してみて、「自分は人に伝えたいことがあるんだ」と確認してみてください。紙に書くのは、人に伝えようとする際のメモ代わりにもなりますし、自分の考えを整理する訓練にもなります。

そうして、自分の中で「私の意見を伝えてもいいんだ」という気持ちが育ってきたら、話しやすい人から徐々に、自分の意見や気持ちを伝えるようにしましょう。

自分の意見をうまく伝えられるようになるには、心理的な葛藤以外にも、相手の意見を理解し、相手に伝わりやすいように伝えるための技術や経験も必要になります。

ただ、これは応用編です。

まずは、「私の意見には価値がある」「私の意見を伝えてもいい」という気持ちを育てながら、少しずつ成功体験を積んでいきましょう。

どんなことであっても、いつから始めたとしても遅いということはありません。

まとめ

- 自分の意見をはっきり伝えることに苦手意識があるのはあなただけではありません。
- 自分の意見を言ってもいいんだと自分のことを認めてあげましょう。

Q3

私は男性にデートの費用を全部負担してもらいたいタイプです。お金をたくさんかけてくれること＝愛情だと思っています。でも、今の彼は、年収は私の倍くらいあるのに割り勘か少し多めに出してくれるだけです。お金以外の面では、彼の愛情を感じていますが、私をそんなに好きではないのかと不安になります。

A

お金を出してもらってなくても愛情を感じているじゃないですか！

「デートの費用を誰が負担するか問題」というのは、古今東西、日本に限らず、どこの国でも話題になります。

日本だと、男女の収入の差がまだありますから、デートの費用を男性が払うのは、「男性のほうが、お金を持っているから当たり前」ということで説明がつくかもしれません。

ところが、面白いことに男女で収入の差があまりない国でも、収入がほとんどない中高生でも、「男性のほうがデートの費用を払って当然」という考え方はあるんですよね。

男性が多く払うのはレディファーストの一環かもしれません。

動物のオスがメスのために餌を用意するのと同じように、「デートの費用さえも払えない男性は魅力的ではない」という本能的なものかもしれません。何にせよ、デートの費用というのは、男性が（多めに）負担して当然という考え方はあります。

ただ、どちらかがお金を多く払うというのであれば、**「その見返りは何か」と考えたほうがいい**と思います。

多くの人は自分の時間や能力を使って仕事をし、お金を稼いでいますから、その人にとってのお金＝自分自身とも言えるわけです。

相手がお金を払うことを通して自分を捧げている一方で、捧げられた方は何を相手に提供できるのでしょうか。

お金は無限にあるわけではありませんから、一方的に捧げ続けるのは大変です。世の中、美味しい話ばかりが転がっているわけではないので、男女の関係でも、自分が一方的に捧げられ続けている状況だとしたら、その関係は長続きしないと考えたほうがいいでしょう。

お金を払ってもらった見返りとして、**自分がどんなものを提供できているかは、関係性を維持するために意識した方がいい**ことです。

そういう意味で、この相談の〝少し多め〟にしかデートの費用を払ってもらえないというのは、自分が提供している見返りが、〝少し多め分だけ〟だとも考えられます。何を提供できているかはわかりませんが、言葉を借りれば、**「あなたは、そのお金に見合った程度の愛情しか提供していない」**と言ってしまってもいいかもしれませんね。

急に嫌な話になってきた感じがします……。

なぜ、嫌な感じかというと、この考え方を突き詰めると、「デートの費用をおごってもらえない女性は、価値がない」ということに通じてしまうからです。**払ってもらえる金額が減ってきた＝自分の価値が減ってきた**とも言えてしまいます。これは怖い！

確かに、おごってもらえる金額が減っているのは、実際にその人の価値が減っている可能性があります。

たとえば、若さに価値が見出されることは往々にしてありますよね。別に女性に限らず、スポーツの世界や労働市場でも、若いことで評価されることはあります。

一方で、払ってもらうお金は減っていても、**お金以外のところでお互いに愛情を確認している可能性もあります。**

お金に対する見返りに何を提供できているかという話を書きましたが、実際に、お金以外の見返りをお互いに提供し合っていることはありえます。この相談でも、お金をかけてもらうこと＝愛情と考えつつも、実は他の面では愛情を感じているようです。

極端に言えば、一緒にデートに出かけたのに「用事ができたから一緒には遊べない。後は勝手に遊んで」と言って五万円を渡されたとして、愛されていると思えるでしょうか。多くの人は、やはり、これに「ＮＯ！」と言うと思います。

これでは、自分が大切にされているとは思えないですよね。

お金だけをバロメーターにしていると相手の愛情を見誤ることがあります。その人と一緒にいるとき、どれだけ幸せな気持ちになれるかも基準に入れることをオススメしたいところです。**自分のことを大切にしてくれる、自分のことを受け入れてくれるという感覚をどれだけ持てるか**です。それが感じられるなら、デートの費用を少ししか多めに払ってもらえなくても、別にいいんじゃないでしょうか。

まとめ

- **お金だけで愛情を測ると、「お金を使ってもらえない＝愛情がなくなった」になります。**
- **お金以外でも愛情を感じられるかを見極めましょう。**

Q 4

同棲している彼が、私の気持ちを察してくれません。この前も、私が家事で忙しいのにゲームばかりしていました。どうにかして、彼が察してくれるようにならないでしょうか?

A

どうにもなりません。

はじめに申し上げますと、察しの良さを求めるのは、**異文化コミュニケーションに慣れていない人の悪い習慣**です。

日本人は言わなくてもわかることを評価する傾向があります。一を聞いて十を知ることを美徳とします。

大学ではステップバイステップで教育する体制が乏しく（大学の先生はいきなり専門書を買わせて読ませる！）、職場の新人研修などでも、会社の中での暗黙知は伝えず形式的なことだけ教えて「必要なことは現場で覚えて」と現場研修を重視します。

こういう〝察するコミュニケーション〟のやり方は、育ってきた環境が同じであればうまくいくものです。家族のような関係性と言えばいいでしょうか。何も言わずともお互いが快適に過ごせる距離を取り、適宜カバーしあう関係です。

しかし、育ってきた環境の異なる〝彼氏彼女の関係〟にも、家族のような存在であって欲しいという気持ちから、ついつい相手に察してもらうことを期待してしまうんですよね。

いきなり、〝察するコミュニケーション〟を否定するようなことを書いてしまってごめんなさい。
ただ、**今の日本は、個人個人が同じであることを求めない風潮になってきています**し、企業のグローバル化やインバウンド消費（中国人の爆買いなどの、来日外国人の日本での消費）が伸びる中で海外の人との接点も増えています。

また、自分にないもので他者にあるものに魅力を感じることはありますし、結婚してお互いの欠点を補い合うこともあります。
自分と違うからこそ、相手から得られるものもあるのです。

「察せない相手が悪い、相手が変わってくれなければ付き合えない」と言うと、こういう機会をみすみす逃すことになります。
それではもったいないので、自分の気持ちを察してくれない他者とどう付き合うかを考えるのもいいのではないかと思い、〝察するコミュニケーション〟を求める人に厳しめの書き出しで始めました。

では、本題に入ります。察してくれない人とは、どうしたらうまくコミュニケーションが成立するでしょうか。

まずは、**自分がどうして欲しいかを相手に伝えることが重要**です。「忙しい。忙しい」ではなく、「忙しいから手伝ってくれない？」と自分が相手にして欲しいことを一言添えます。静かにして欲しいなら「ちょっと音がうるさい（noisy）」ではなく「静かにしてくれる？（be quiet）」と頼む。

できるだけ直接的な表現で相手に自分の意思を伝えましょう。相手に察することを期待するよりも、よほど精神的には楽ですし、慣れれば労力もほとんどかかりません。

口でうまく表現できない人は、明文化しましょう。

中途採用が主戦力となっている企業、外国人の多い企業だと社内ルールがしっかり明文化されていることが多いものです。これは、異文化の人間が入ってきたときに余計なトラブルを避けて、すぐにでもその人たちが活躍できるようにするためです。

家族のような親しい間柄の場合は、あまりにルールが多いと辟易するでしょう。ただ、もめがちなことは、「どうしてもめるのか」「もめないようにどう振る舞えばいいのか」を話し、話した内容をしっかりまとめておくと同じようなすれ違いが起きにくくなります。

ここまでで大抵のディスコミュニケーションはなくなります。

これを試してみて、それでも彼とぶつかることが多いなら、**価値観のギャップが大きすぎる上に、二人はそのギャップを埋めようという意思がない**と理解して、関係を解消したほうがお互いのためです。

ありきたりですが、世の中には多くの男性、女性がいますから、もう少し楽に一緒にいられる人を探したほうが、話が早いというものです。

最後に、それでも、相手に気持ちを察してもらうことを諦められない人のために特別メニューを紹介します。相手の察する能力を鍛える方法です。

それは、**あなたの行動原理を全て言語化し、相手に叩き込むこと**です。

「私の口数が減っているときはストレスを感じているから優しくしてほしい」「私が眉間に皺を寄せているときは積極的に手伝って欲しい」というように、自分がどんなときにどうして欲しいかをパターンにして、可能な限り相手に伝えてください。

そもそも、いきなり他人の胸中をおもんぱかれるようになることは、まず無理です。**あなたが「彼がどうして察してくれないか」を察せられないのと同じで、他人の気持ちとはほとんどわからないもの**です。

このプロセスは、お互いに楽しいものではないことが多いですし、一方的であると相手にはストレスが溜まります。できるなら、あなたの胸中を察してくれない人が、何を考えているかについてあなたの方も察するようにしてください。

まとめ

- “察するコミュニケーション”を求めすぎると、異文化で育った人とは付き合えません。
- 察してくれない相手には、何をしてほしいかを具体的に伝えましょう。

Q5

信頼していた男友達を家に入れて襲われそうになった経験が何度もあります。もう誰も信じられません。

A

辛いですね。
人を見る目を養いましょう。

この質問への回答に関しては、まず〝両者の合意がない上でセックスをしてこようとする人間が最も悪い〟ことが大前提であると理解いただいた上でお読みください。セックスは合意の上でされるものです。合意なしに襲ってくる方が悪いということに疑いの余地はありません。

ただ極端な例で言えば、未開の地へ旅行に行った際、カバンに鍵をかけていなかったせいで中身を盗み取られた、宴席でその土地のマナーを知らずに現地の人間に非礼なことをし殴られてしまった、なんてことはありえます。**原則加害者が悪いとしても、被害に遭わないようにするためにできること、した方がいいことはあります。**

この種の人間関係トラブルに遭わない方法は、二つあります。

一つは、トラブルが自分に近寄らないようにすること、もう一つはトラブルが起きそうな人間・状況を見極めることです。

一つ目についてはQ&A26を参照してください。

ここでは二つ目のどうやってトラブルを未然に防ぐか、トラブルが起きそうな人間・状況をどう見極めるかについて説明します。

①相手に自分の意向が伝わっておらず、相手の意向も聞いていないとトラブルが起きやすい

人間関係のトラブルというのは、相手と自分のやりたいことがそれぞれ違っており、衝突することで発生します。

この相談で言えば、相談者さんは単に茶飲み話をするつもりだったのに、相手はセックス目的だったという違いがありました。

独身の妙齢の男女が、異性を単独で家に招待することは〝セックスしても良いというサイン〟と信じている人は、男女問わずかなりいます。

あなたにはそういう意図がないことを念押しした上で、相手に対しても、それでいいかを事前に伝えてください。それができないなら最初から誰であろうと家に上げないようにし、きちんと意思確認を行える相手としか二人きりにならないようにしましょう。

②相手と自分の価値観が大きく違っているとトラブルが起きやすい

元々価値観が違っている人間同士ではトラブルが起きやすい傾向があります。やはり、お互いの意向を常に確認し続けるのは手間ですし、忘れてしまうこともあるからです。

性別、年齢、出身地、育ってきた環境、親の年収等々、考え方の違いを生み出すそういった属性情報が自分と大きく違う人については、何かトラブルが起きる可能性があると警戒しましょう。

自分と価値観の違う人間と接点を持つなとは言いません。そういう人との付き合いは人生に刺激を与え、柔軟な思考を生み出す機会を提供してくれます。ただ、価値観が違うからこそ、十分に会話をしたり、妥協点を見出したりするための努力を怠ってはいけません。

③認知の歪みがある人間とはトラブルが起きやすい

世の中には、自分とは異なる思考プロセスを持つ人がいます。

こちらが言ってもいないことを言ったと信じる人、こちらが言ったことを曲解する人。こういった**認知の歪み（P63参照）がある人はトラブルメーカーになりがち**です。

たとえ、一見して意思疎通ができているように感じられても、バックグラウンドが同じように見えても、ある日何の脈略もなくもめることがあります。非常に些末なことでも、どうも話が伝わっていないなと思うことがあれば、その相手には警戒するようにしてください。

④ 複数人の複雑な意思が絡む場所ではトラブルが起きやすい

人間関係トラブルというのは一対一のときよりも、集団で集まったときの方が圧倒的に発生しやすい傾向があります。それはここまで紹介した通り、集団では、お互いの意思疎通が十分にされていない、色んな価値観の人が集まり、認知の歪みがある人も混ざるからです。トラブルを避けたければ、できるだけ規模が小さい、風通しのいいものに参加するようにしましょう。

この四つが、トラブルを避ける方法です。

結局は、変な人には近寄らないようにしようという域を出ませんが、**普通の人よりトラブルに遭遇しやすい人というのは、自分からトラブルに近寄っている**のだと自覚してください。

トラブルは、善意の人と悪意の人の間だけで発生するのではなく、善意の人同士の間でも発生します。

まとめ

- **加害者が悪いのは絶対ですし、被害者の自衛も前提ではありません。**
- **他人とのトラブルが起きがちであれば、他人と自分の考え方にギャップがあることが多いと意識しましょう。**

Q.6

家事の分担などにも理解がある草食っぽい同じ歳の男性（年収は同じくらい）と、8歳年上のバリバリ仕事をして家のことは女性に任せたいタイプの男性（年収は一千万円以上）、どちらを選んだほうが結婚する上で幸せなのか悩んでいます。どうしたらいいでしょうか。

A

あなたが結婚で何を実現したいかしだいです。

女性の「真面目でつまらない男性と、危険な香りのする魅力的な男性とどちらと結婚するべきか？」という悩みは昔からよくあります。選べるだけ贅沢だし、男性に対しては失礼だと思いますが、本当によく見かけます。

この悩みの回答としては「どちらも甲乙つけがたいよね」というのが一般的かと思いますが、**「結婚に何を求めるかで決まる」**というのが私からの答えです。

結婚に何を求めるかというのは、人によって違います。

最近は子どもや家族を持つことが結婚に求めるものとしてメジャーになっていますが、精神的な安らぎが欲しいとか、親の期待に応えるとか、経済的に余裕を持つなど、様々な利点が考えられます【図4参照】。

あなたがもし、家庭で精神的安らぎを得たいならば、堅実な男性を選べばいいですし、経済的な余裕を求めるのであれば、野心的な男性を選べばいいでしょう。漠然と「結婚したいな〜」ではなく、どんな結婚生活を送りたいかを頭の中で考えて、自分の理想に合う相手と結婚すればいいのです。

どんな人と結婚するかを考える上でもう一つ重要なのは、あなたが結婚後、仕事をし続けたいか、はたまた専業主婦になりたいか、です。

もし、結婚後、仕事をし続けるのが困難であったり、専業主婦になりたかったりする場合は、結婚相手は年収の高い人がいいでしょう。今時は、専業主婦を続けるには社会制度が厳しくなっているので、男性側にある程度の稼ぎが必要になります。

自分が結婚で何を実現したいかわからない、彼が結婚後の自分に対してどう接するかわからないと思うのであれば、結婚前に、

①彼と一緒に旅行に行く

②彼のレストランの店員への接し方・実家での彼の母親への接し方をチェックする

ことをオススメします。

旅行に行く理由は、擬似的な同居のようなものです。

図4　調査別にみた、各「結婚の利点」を選択した未婚者の割合

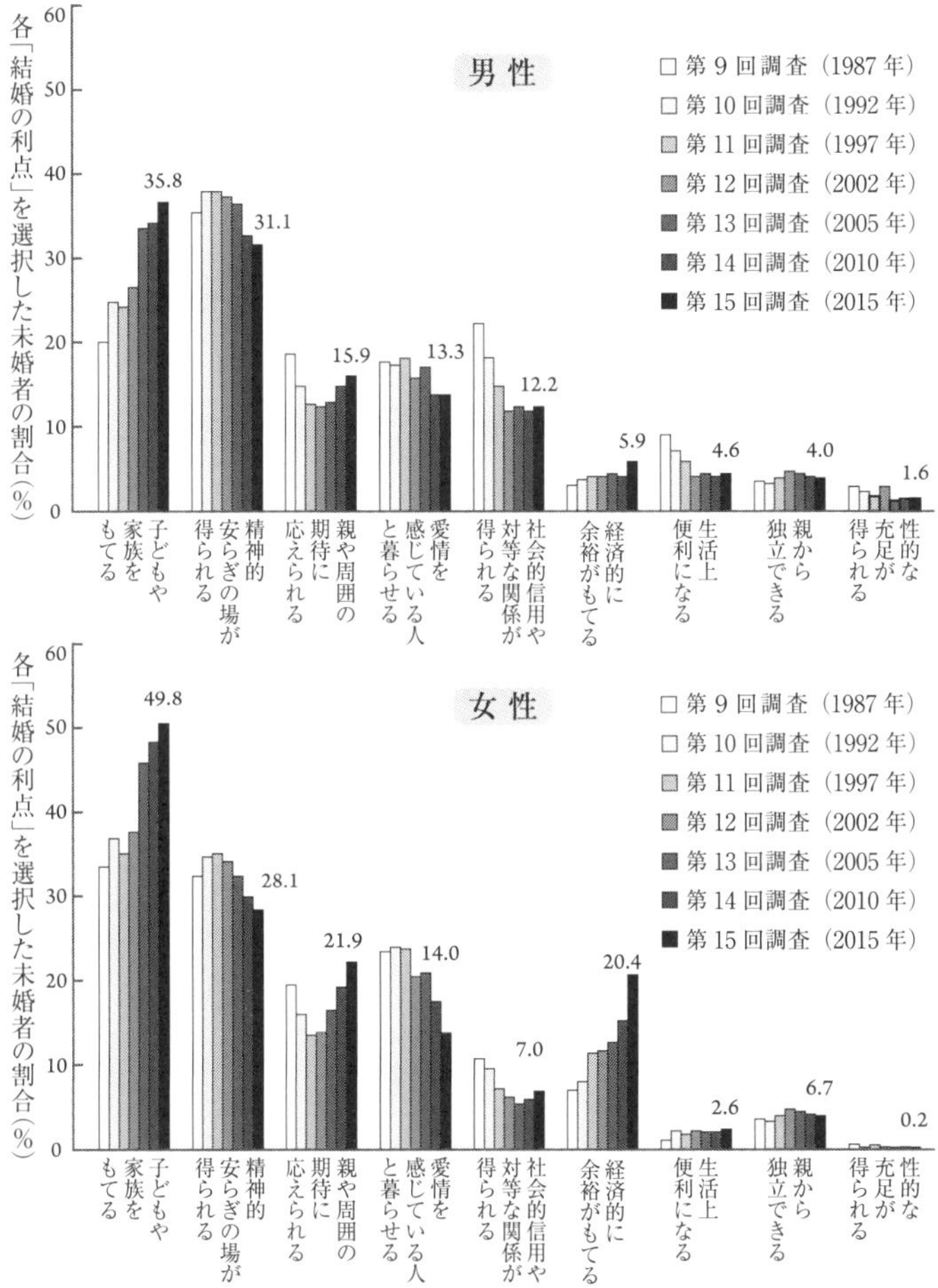

注：対象は18〜34歳の未婚者。何%の人が各項目を主要な結婚の利点（2つまで選択）として考えているかを示す。
　グラフ上の数値は第 15 回調査のもの。
出所：国立社会保障･人口問題研究所／第15回出生動向基本調査　独身者調査の結果の概要

できれば彼とあなたが二人とも行ったことのない場所に、長期間滞在することをオススメします。
〝多少ストレスがあり、何をするかを決断しないと何も起きない環境〟は、結婚生活と似ています。「これは結婚生活の予行演習！」だと思って、〝彼と一緒に過ごす時間が快適か〟〝問題があったときに彼と一緒に対処できるか〟をチェックしてみましょう。

彼がレストランの店員さんや彼の母親をどう扱うかに注目する理由は、この関係が、**今後の彼が期待する夫婦の関係に似ている**部分があるからです。

レストランではお金を払ってサービスや料理を提供してもらう場所です。客と店員の関係は本来対等です。

あなたが問題ないと思った食事やサービスに、彼が「美味しくないよね」「サービスはいまいちだ」と言っていたら、結婚後あなたの家事に対しても同じような視点でコメントしてくる可能性があります。「専業主婦で、俺に養ってもらっているのに、こんな料理しか出せないのか」なんて風にです。

実家での彼の母親への接し方をチェックするのも同様です。どんな家庭で育ったかは本人の家族観に大きく影響を与えます。

悩むのは、自分のことがよくわかっていないときと、相手のこと（周り）がよくわかっていないときです。結婚に悩むのであれば、自分が結婚で何をしたいのか、結婚相手は自分が結婚で得たいものを提供してくれるかを考えましょう。

まとめ

- 相手選びに悩むなら、結婚で何を実現したいかを考えましょう！
- 相手を見極めるために、①長期旅行、②レストラン・実家での振る舞いに注目しましょう！

Q 7

彼と元のように仲良くなりたいのですが、もう会話の糸口さえつかめない状態です。どうすればいいでしょうか?

A

愛していると伝えましょう。

愛は不変の物と期待しているとその期待が覆されることはよくあります。

たとえば、お互いの愛情の上に胡坐をかいて、まともに対応していなかったケースで考えてみましょう。

「釣った魚に餌をやらない」ではないですけれど、彼からセックスを誘われても「疲れている」と断り続けたり、不満やイライラを相手に感情的にぶつけたり。一方で、あなたが彼に話をしたいと伝えても、また今度にしようとうやむやにされたり、あなたよりも友達や仕事を優先しすぎたり。

そういう**日々の積み重ねによって相手への不信感が募り、併せて愛情も薄れます。**

他には、心変わりもあります。

他に好きな人ができたということもあるし、病気や転職などで**大きな価値観の変化があり、愛情に対しても考え方が変わる**ことはあります。

愛情がそれほど移ろいやすいものでなければ、「病めるときも、貧しきときも、あなたは彼を愛しますか?」と結婚式でわざわざ宣誓させません。「ここに不法投棄をしないでください!」という看板は、その場所が不法投棄の多い場所だからこそなんですよね。

仲の良い友人同士で起業しても、長年やっていれば大体仲違いするものです。今、友好的な関係性ができているからといってそれが永遠に続くとは限りません。特に、一緒に住んで、長い時間を過ごせば過ごすほど利害の対立に出会う機会も増えます。

もめごとは、愛情や友情が消え去ったときに発生しがちです。

だからこそ、愛情や友情が失われる前の、**いい関係性が構築できているうちに、もしものときの対処法を考える**ことをオススメしたいところです。

ここまでは、愛情は冷めることがあるものであって、冷めたときにもめないよう、あらかじめ何をしておくといいかについて書きました。

次に、どうしても諦めきれない、失われた愛情を取り戻したいという場合は、**まず「愛している」と相手に伝えてみてください。**

勝手に空気を読んでしまう日本人ですから、「彼は愛情を失っている」と考えて簡単に諦めてしまいます。でももしかしたら、彼の方こそ、あなたが彼に対する愛情を失っていると考えている可能性だってあるかもしれないのです。

逆に、ストレートな表現が得意ではない日本人だからこそ、「愛している」を伝えることが有効に機能するとも考えられます。「クールビューティな女性は可愛いと褒められると思わずグラっとくる」なんて言われますよね。慣れないからこそ効果が大きいということもあります。

人間関係は言葉が足りないためにすれ違うことが本当に多いものです。毎日でも愛情確認をすることをオススメします。

今ほとんど伝えていないのなら、メールでも手紙でも口頭でも、自分が楽な方法でいいので、たまにでも相手に「愛している」と伝えてみると、関係性がかなり改善されることがあります。

〝愛は不変のモノ〟と期待するのはいいのですが、愛が不変のモノと信じている人ほど、愛情があるからと相手に甘えて、関係性を維持する努力の手を抜きがちです。

愛情度は上下運動するものと考えたほうが、適宜対策を打つようになり、結果的に程度の良い愛情が維持されることになります。

まとめ

- **愛は冷めることがあり、不変のものではありません。**
- **不変のものではないからこそ「好きでいること」「愛していること」を伝え続ける必要があります。**

Q.8

付き合っている彼とセックスレス気味です。理由は、私がする気になれないためです。気持ちが乗らないときにしたことで痛みを感じ、それが怖いというのもあります。彼のことはとても好きなのですが、どうしたらいいのでしょうか？

A.

素直に話しましょう。

脅すようで悪いのですが……、**セックスレスは離婚事由**になります。

こう書くと「え、私、結婚していませんよ？」と思われるかもしれません。これは、結婚している場合であれば「離婚されてもおかしくないくらい、セックスレスは重たい話題」だと理解していただきたくて、まず、離婚事由になるとお伝えしました。

セックスはもちろん、**それ自体が楽しいもの**です。性別や年齢をはじめ、人それぞれ性欲は違っているとしても、多くの人がセックスを気持ちがいいと感じると思います。

そしてセックスは、人工授精でもしない限り、**子どもを作るのに必須の行為**でもあります。誰でも知っていることですが、念のための確認です。

それ以外に、**セックスはコミュニケーション手段**でもあります。好き合っているもの同士が、お互いをさらけ出し裸で接する。こんなことは、誰とでも簡単にできるものではありませんから、セックスができる相手というのは貴重です。セックスをすることで、その人と一緒にいるという安心感を覚える人は多くいるでしょう。

このようにセックスは複数の意味を持ちます。

単に性欲を処理するためのものではないため、「セックスをしないこと」「セックスを拒否されること」は、相手によっては非常に大きな意味を持ちます。セックスレスによって愛情を確認できないと感じる人もいるのです。

ですから、最初に、セックスレスは離婚事由になると申し上げたのです。あなたと彼の関係は、非常に危険な状態です。セックスレスによって彼の気持ちがあなたから離れ、別れることになるかもしれない……。

では、「相手と別れることになるからセックスをしなければならない」と言いたいかといえば、そうではありません。私のオススメは、「あなたのことは好きだ。ただ、セックスをしたい気持ちが薄れている、無理をしてセックスをした結果、痛みを感じて怖くなっている」ということを**素直に伝える**ことです。

「セックスが怖い」なんて言ってしまったら、「相手のことを好きではない」と勘違いされるのではないかと考えるかもしれませんね。もし、そう考えるのなら、相手に何も伝えず、セックスをしないままでいる状態も想像してみてください。

繰り返しになりますが、セックスはとても多くの意味を持っている行為です。相手は、あなたがセックスをしないことで、「愛されていない」と思う可能性が大いにありえます。「あなたのことは好きだけれど、今はセックスが怖い」と伝えれば、相手はセックスをしない理由が理解でき、少なくとも「愛されていない」とは思わなくなります。

また、「セックスが痛かった」という**情報を共有する**のも非常に大切なことです。相手に問題があったのかもしれないし、お互いにやり方がうまくなかったのかもしれません。何が原因で、そんな痛いセックスになったのか、二人で話し合うきっかけにもなります。

してはいけないのは、**相手に非があったとストレートに指摘すること**です。セックスのやり方は勉強する機会が少ないものですから、うまくないのも仕方ない部分があります。どうされると痛いか、どうすると気持ちがいいかをお互いに共有するようにすれば、痛みを感じる可能性は下がります。

「今はそれほどしたいという気持ちがない」と伝えることにも意味があります。セックスは必ずしも挿入することだけを意味していません。お互いの身体を愛撫しあうだけでも満足感は得られます。

とにもかくにも、「あなたがどうしてセックスをしないのか」を伝えていない状態が一番危険です。**思い切って話してみて、相手がどう考えているかを確かめてみる**ことをオススメします。

好き合っている者同士だからこそ、こんな話ができるんですよ！

まとめ

- **セックスは好き合っている者同士がするコミュニケーション手段です。**
- **相手が好きだからこそセックスの話をしましょう。**

Q.

ちょっとヤンチャなところがある彼だけど、結婚したら落ち着いてくれますよね？

A

落ち着きません。

「将来はお嫁さんになりたいです！」という夢を子どもが語る分には可愛いものですが、25歳を過ぎてもそういうことを言っている人を見ると、色々考えさせられるものがあります。

結婚というのは、二人の人間が社会的にその関係性を公表し、手っ取り早く法的・税務的な義務や権利を負うために行う契約行為です。

二人の関係は結婚したからといって変わるものではありません。

法律婚をすると離婚しにくい（離れ離れになりにくい）ということがありますから、これをメリットと考えて、結婚で二人が深く結びつくことを期待するという気持ちは理解できないこともありません。ただ、**「離婚しにくい＝相手が自分を愛し続けてくれる」ではないことは**要注意です。結婚していても愛情が冷めることはあります。

誤解を広めているのは、結婚をゴールとするフィクション作品や、結婚式の定番である「娘さんを幸せにします」「私、幸せになります」という新郎新婦から両親への手紙の朗読です。実態は、**結婚はスタート地点であり、幸せな二人が行うのが結婚です。**

ですから、結婚したら相手の悪癖が治るかと問われれば、**結婚程度では治らない**とお答えします。

結婚にはそんな魔法のような効果はありません。ただ、まったく治らないということはなく、たとえば、吸っていたタバコの本数が、1日10本から2～3本減るくらいのことはあるかもしれません。

こういう幸せな気分に冷や水を浴びせかけるようなことを申し上げているのは、何も結婚をするなとか、不幸になってほしいとか、そういうネガティブなことを願っているからではありません。

結婚を何でも解決してくれるものと期待しすぎると、**自分でどうにかしようという意識が薄れてしまう**んですよね。

相手に悪癖があるのがわかっているのなら、それは目に見えている地雷です。その悪癖とどう付き合っていくか、どう改善させるかを、結婚前でも結婚後でも日々意識していけば、将来その地雷が爆発しなかったり、地雷そのものを撤去できたりする可能性も見えてきます。

その悪癖が心因性のものであれば通院によって解決できるかもしれない。話をしてみてどうしてもお互い解決策が見出せなければ、結婚をしないという選択肢も出てきますし、離婚をしてもいい。

何も悪癖に限らず、結婚後というのは多くの困難が待ち構えています。子どもにまつわる妊娠・出産・育児はその最たるものですし、二世帯同居とそれに伴う両親の介護も多くの人が出会うものでしょう。相手が重病を患うこともあるし、失業をすることも十分にありえます。

簡単に乗り越えられるものもあれば、うまく対処できず座礁することもあります。そういうときに活きるのが、二人がこれまで一緒になって問題に取り組んできた経験です。結婚に価値があるのではなく、その二人の経験こそが何物にも代え難い、かけがえのないものなのです。

まとめ

- 結婚は好き合っている者同士が社会的なメリットがあって行うものです。人を変える魔法ではありません。
- 悪癖は見えている地雷です。地雷を撤去するのは自分達にしかできません。

Q10

結婚予定の彼のご両親がある宗教を信仰しています。新興宗教ではないのですが、とても熱心です。彼は特に信仰はしていないのですが、入信はしています。結婚後は、私や将来の子どもも入信を求められるのではないかと不安です。どうしたらいいかわかりません。

A

彼と話しましょう。

この相談に対しての回答は**「彼と話しましょう」以外はありません。**

もちろん、自分もその宗教に入らないといけないのか、子どもはどうなのかと気にすることが悪いことだとは言いません。宗教に熱心な家庭の人と結婚することに不安を覚える人は多いでしょう。

ただ、「彼の実家はある宗教を熱心に信仰している」「彼も入信している」という事実だけで、どうしたらいいかわからなくなり、下手をすると結婚の障害と考えるようになるのは不毛です。**とにかく彼と話してください。**

「私はその宗教を信仰するつもりはないけど、それでいい？」「私たちの子どもも入信することになるのかな？」と、素直にあなたがどう思っているか、どんなことを心配しているかを伝えましょう。

ちょっと厳しい回答になってしまいました。

どうしてこんなに厳しく言っているかというと、**結婚してからも同じように一人で悩む**

ことが多ければ、結婚生活はうまくいきようがないからです。

この話、彼の家が宗教を信仰しているということで、ちょっと特殊なお悩みだと捉えられるかもしれません。「私には関係ないな」と思い、読まずに飛ばす読者の方も多いのではないでしょうか。

でも、義理の実家との付き合いで困ることが起こるのは、何も宗教に限った話ではないんですよね。

たとえば、義理の実家と結婚後に同居する可能性があるというのも同じことです。他にも義理の実家が結婚後に何らかの介入をしてくることは、しばしばあります。

結婚は、愛する二人が行うものです。でも、配偶者が配偶者の家族との関係を、結婚を機に断絶するわけではありません。結婚後も、配偶者とその家族との繋がりは継続します。つまりは、あなたも配偶者の家族と何らかの接点があるということです。

義理の実家との付き合い方で困ったときに、一番に話をするべき人物は配偶者です。

何しろ、配偶者が義理の実家と関係を続けようと考えているから、あなたも義理の実家と接点があるわけですから。

そして、義理の実家のことを一番よくわかっているのも彼です。あなたから伝えると語弊があることも、彼から伝えれば「家族のこと」としてうまく処理されることもあります。

ですから、この相談の回答として「彼と話をすること」をオススメしたわけです。

仮にあなたから話をして「結婚しても君は入信する必要はないよ」「もし両親が勧めてきても俺が断ってやるからさ」と言っておきながら、結婚後、彼がまったくサポートをせず、義理の実家から入会攻勢をしかけられるなんてことになったら、話は別です。

不動産ではないですが、〝重要事項説明が間違っていた〟と言って、契約を解除（離婚）してもいいでしょう。

何となく彼に話しにくいのもわからないではありません。宗教の話はセンシティブですからね。
彼に強いこだわりがあって、こちらから話を切り出したら「俺の実家を批判するのか！」と結婚がダメになってしまうかもしれない。やぶへびになったら困るから、今は聞かないでおこうと考えてもおかしくないですよね。

でも、センシティブなことだからこそ、本当は彼からあなたに話して欲しい話題ですよね。影響を受けるのは彼ではなく、あなたの方だからです。

どちらから話を切り出すかは置いておいて、自分の中で考えることはもちろん大切です。でも、**夫婦になるとは、二人の頭を使って、今後人生で起きることに二人で一緒に対処していこうということ**です。

結婚前の予行練習と考えて、彼と話してみましょう。

まとめ

- **結婚後、一番頼りにするべき相手は配偶者です。**
- **配偶者が、あなたと義理の実家との間を取り持つ（実家ならあなたが間を取り持つ）ことになります。**

Q 11

私は親が離婚しており、子どもの頃から両親の不仲を見て「早く離婚すればいいのに」と思っていました。自分の結婚に対しても「ダメだったら離婚すればいいんじゃない?」という気持ちでいます。実際のところ、「離婚」のリスクはどれくらいあるものなのでしょうか?

A

親の離婚とあなたの離婚は別物です。

離婚のリスクですか。2015年に結婚したカップルは63・5万組、離婚した夫婦は22・5万組ですから、単純に言えば三組に一組の夫婦は離婚していると言えます【図5参照】。ただ、離婚のほうはこれまで結婚してきた人たち全員に対してこれだけの離婚ということですから、単純には言えないんですけどね。でも、結婚する人が減っている一方で、離婚している人は横ばいから増加傾向があるので、**昔より離婚している人は増えてはいます。**

離婚する夫婦は年齢が低ければ低いほど多いようです。若い夫婦ほど離婚のリスクは高いと言えるかもしれません。

また、裁判所での離婚を申し立てた場合での、離婚の理由は、性格の不一致、お金の使い方、異性関係（要するに浮気）、暴力（経済的暴力含む）といったところなので、夫婦がこういった問題を抱えていると、離婚のリスクは高くなるでしょう。

と、ここまで真面目にそれっぽいことを書きましたが、**離婚のリスクなんて自分がどうしたいかと相手がどんな人かでまったく異なります。**

あなたが〝何かあればすぐに離婚したい人〟だったなら、離婚は三分の一の確率などで

図5　人口動態総覧の年次推移

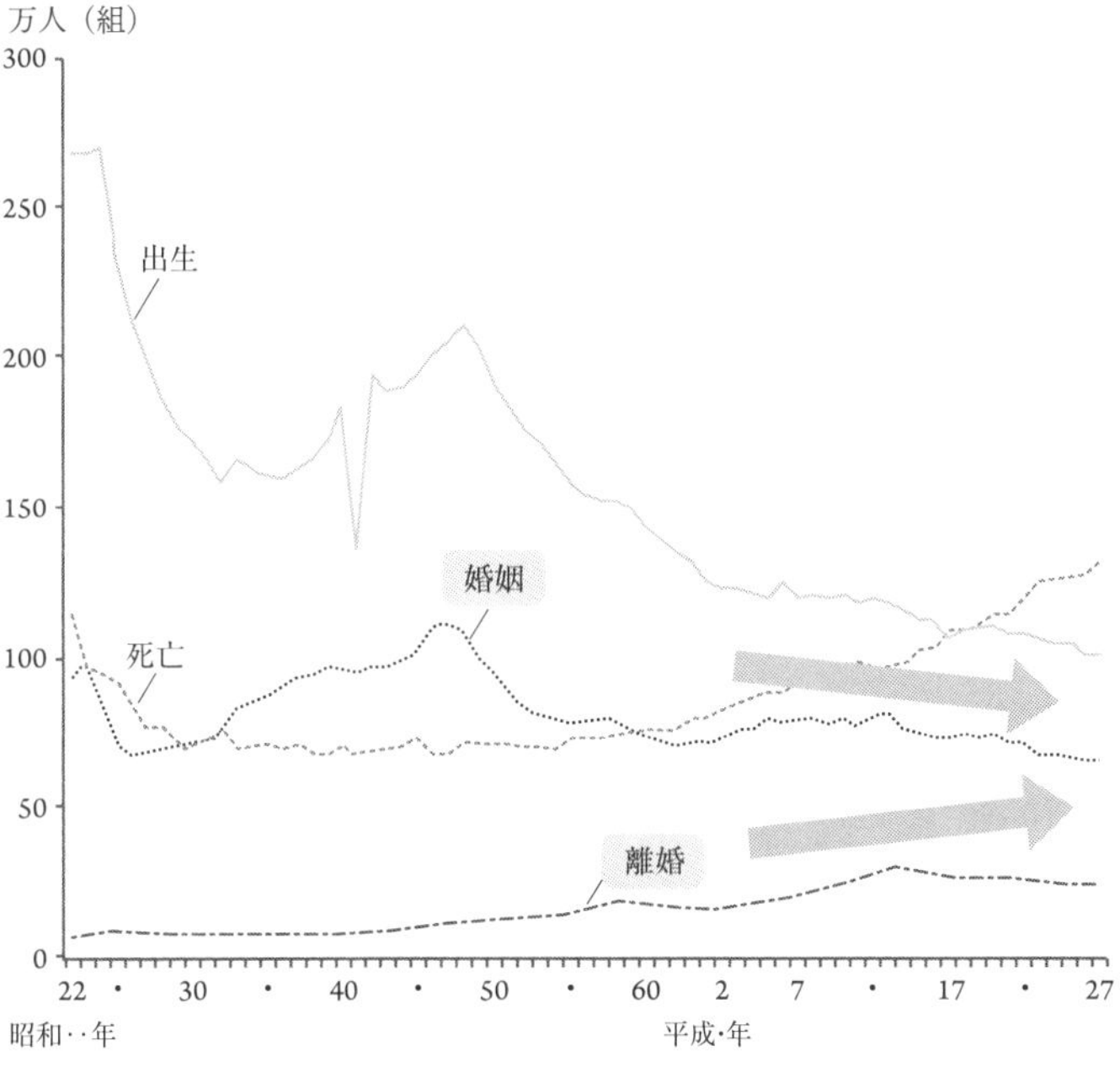

平成27年推計数

‐‐‐‐‐‐	死亡数	1,302,000人
――	出生数	1,008,000人
………	婚姻件数	635,000組
‐・‐・‐	離婚件数	225,000組

『厚生労働省／平成27年(2015)人口動態統計の年間推計』を元に作成

はなく、百パーセントになります。選んだ相手が色々と難しい人で、自分と合わない部分が多ければ、離婚を選ぶ可能性はぐっと上がるでしょう。

要するに、離婚のしやすさは人による、つまり、あなたがどうするか・どうしたいかによるんです。


この方は、親が不仲で、子どもの頃から、親が早く離婚すればいいと思っていたようですね。

多くの人の結婚観（どんな結婚生活を送りたいか）は、自分がどういう家庭で育ったかに大きく影響を受けます。子育てでもそうなのですが、やはり、何年、何十年も自分が経験してきたものですから、そこが基準になるのは当然です。


だからと言って、自分の親がどんな結婚生活を送ってきたかや、自分がどう育てられたかに、従わなければならないルールはありません。親と違っていていいのです。

「不仲だったら子どもに悪影響を与えるから離婚しよう」という考え方が悪いとは言いません。

確かに、親が不仲である場合、子どもはその影響を受けます。それは間違いない。ただ、自分の親が離婚しなかったから、自分は離婚を気軽にしようという発想は危ういです。

子どもの時のあなたにはわからなかったかもしれませんが、夫婦が不仲になるにはちゃんとしたプロセスがあります。

夫が忙しすぎて家事・育児の時間が取れなかったとか、出産後セックスレスになったとか。**親は子どもに夫婦の営みの全てを見せているわけでもないし、子どもも自分が見たものから親の夫婦関係の全てを理解することはできません。**急に不仲な夫婦が出来上がったわけではなく、色々な経緯があって不仲になったのです。

親の馴れ初めを聞くのはちょっと恥ずかしいですが、大抵の夫婦は好き合って結婚しているわけですからね！

親が不仲だったことを受けて「ダメだったら離婚すればいいんじゃない？」という考えを持つのではなく、「私は親みたいに不仲にならないようにしよう」と思ったっていいわけです。離婚ばかりに引っ張られるのは、親の夫婦関係に引っ張られてしまっているからです。

大切なことは、**これから結婚するかもしれない人、またはすでに結婚した人と、どのように快適で幸福な家庭を築いていくか**です。

そのためにできることは何をしてもいいし、どうしてもうまくいかなければ、結婚の解消＝離婚をしてもいい。

ただ、その**判断基準は、あくまで自分とその相手との関係性によるもので、自分の親がどうであったかというのは関係ないもの**です。

不仲ではない夫婦関係を築くことはできるんですよ。

まとめ

・親がどんな結婚生活をしていたかには知らず知らずのうちに大きく影響を受けるものです。
・親の人生とあなたの人生は別。望む結婚生活を自分の力で作りましょう。

Q 12

既婚子持ちの彼と付き合って一年。奥さんとは冷え切った関係だと言うのですが、早く別れて欲しいです。どうしたら離婚させて、彼と結婚することができますか?

A

結婚してくれませんし、結婚しない方がいいです。

「不倫は文化」という言葉をよく耳にするように、不倫をしている人はたくさんいます。

コンドームメーカーとして有名な相模ゴム工業による調査では、結婚相手・交際相手がいるにも関わらず、その相手以外の人とセックスをしている人は、男性26・9％、女性16・3％いるという数字が出ています【図6参照】。**大体2割ぐらいの人が浮気をしている**ということですね。そして、浮気相手との出会いの場所でもっとも多いのが職場だそうです。

では、浮気をしている男性が浮気相手と結婚するものでしょうか。

既婚者による浮気は、不貞行為として社会的に非常に重く受け止められます。

職場での不倫が発覚した場合、その男性は配置転換くらいの処置は受けます。その男性の両親も好ましく思わないでしょう。

さらに、日本では子どもの親権は妻が取ることが多いですから、その男性は子どもと離れ離れになり、養育費を支払うことになります。慰謝料も妻から請求されるでしょうね。

当然、財産分与もすることになります。結婚して夫婦で稼いだお金や今ある資産を綺麗に二つに分けることになります。

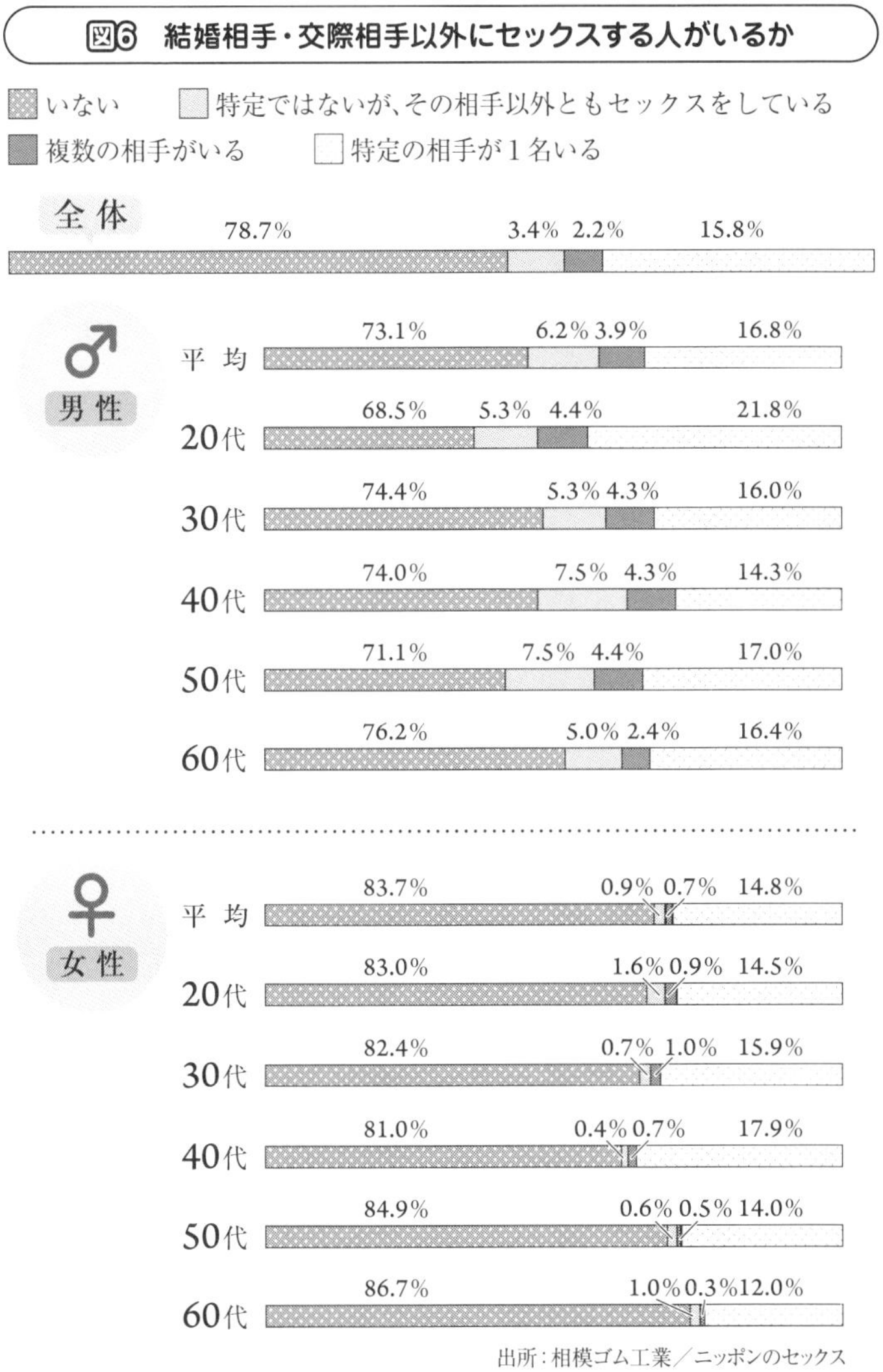
図6　結婚相手・交際相手以外にセックスする人がいるか
いない
特定ではないが、その相手以外ともセックスをしている
複数の相手がいる
特定の相手が１名いる
全体
78.7%
3.4%
2.2%
15.8%
男性
平均
73.1%
6.2%
3.9%
16.8%
20代
68.5%
5.3%
4.4%
21.8%
30代
74.4%
5.3%
4.3%
16.0%
40代
74.0%
7.5%
4.3%
14.3%
50代
71.1%
7.5%
4.4%
17.0%
60代
76.2%
5.0%
2.4%
16.4%
女性
平均
83.7%
0.9%
0.7%
14.8%
20代
83.0%
1.6%
0.9%
14.5%
30代
82.4%
0.7%
1.0%
15.9%
40代
81.0%
0.4%
0.7%
17.9%
50代
84.9%
0.6%
0.5%
14.0%
60代
86.7%
1.0%
0.3%
12.0%
出所：相模ゴム工業／ニッポンのセックス

冷静に考えるとわかる通り、相手の男性が、**今の妻と離婚をしてあなたと結婚するメリットはほとんどありません。**

彼があなたに、「妻とは冷え切った関係だ」と言うのなら、あなたと不倫をする前に今の妻と離婚をすればいいわけです。その大事な一手間をかけられない不誠実な人間が、あなたと結婚してくれるでしょうか。

彼に離婚する気がなくても離婚させることは、できないことはありません。

彼の妻に愛想をつかせたらいいのです。あなたが彼の妻に「彼と別れてください。彼の子どももいます」とでも伝えれば修羅場に突入です。

あなたには、不貞行為の慰謝料の相場である二百～三百万円くらいを支払う覚悟が必要になるでしょうが、すったもんだがあった末、かなりの確率で彼を離婚させることができます。

その後、彼が、彼の生活をグチャグチャにしたあなたと結婚したとします。

そのとき、彼は仕事だったり、親からの信用だったり、お金だったり、多くのものを失っています。あなたは、そんな彼に今と同じような魅力を抱き続けることができるでしょうか？

既婚男性が魅力的に映るのは、まさに〝既婚である〟というステータスがあるからです。結婚しているから、時に子どももいるから、安心感があり、包容力があるように見えます。他の男性より魅力的に映るのです。

浮気をする男性の中には、既婚であることが魅力的に受け取られることを自覚して、浮気をしようとする人がいるんですよね。

多くのものを失った彼は、あなたと結婚することで、また既婚というステータスだけは手に入れることができます。前妻と冷え切った関係であるのに離婚しないであなたと付き合ったような彼です。そんな彼が、他の女性とまた浮気をしないとどうして信じることができるでしょうか。難しいですよね。

不倫の末の結婚は、そもそも離婚させるまで大変な苦労がありますし、運良く結婚できても、**結婚をする上で最も重要となる信頼関係がまったくない中でスタートすることになります。**こうして、既婚男性は、不倫をしている最中は魅力的に見えても、離婚、再婚という中で、その魅力は色褪せることになります。

まとめ

- **既婚男性は既婚だから魅力的に見えるものです。**
- **離婚すれば相手の魅力は失われます。**

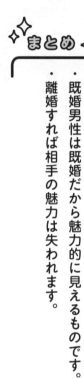

Q13

私の夫はあまり子どもが好きではなく、不妊治療に積極的になってくれません。どうしたらいいでしょうか?

A

あなたがどうして子どもが欲しいのかを、夫に話しましょう。

一般に配偶者が不妊治療に積極的になってくれない理由は、以下の四つです。

①お金がかかる（少なければ十万円程度、平均的には百万円強）
②時間を取られる
③苦痛を伴う（主に女性）
④不妊治療を行っているのを人に伝えるのが恥ずかしい

不妊治療は、共に子どもが欲しいと思っている夫婦であっても、かなりの不利益や苦労を伴うものです。とすれば、そもそも子どもが欲しいと思っていない場合、不妊治療についてはそれなりにネガティブに受け止められるでしょう。

結婚したとしても子どもを望まない人はいます。そして、どのような人生を歩みたいかは人それぞれ希望があるものです。

子どもの有無に限らず、どうお金を使いたいか、どう休日を使いたいか、どう仕事をしたいかは人それぞれです。結婚したから子どもを持たなければならないというルールはありません。

どんな夫婦の決めごとでも、相手の要求とあなたの要求を擦り合わせて実現するのが基本原則だということです。

あなたが子どもを欲しいと思うのであれば、子どもを欲しいと思わない相手に対してしっかりと説明し、相手がどうして子どもに抵抗があるのかを聞き、話し合うことです。

結婚＝子どもというイメージはありますが、子どもを持たず婚姻生活を続けている夫婦は数多くいます。子どものことだけが特別ということはありません。

ちなみに、子どもがいる人生の場合は、教育費だけで最低五百万円程度の支出はありますし（関連Q＆A14）、乳児期は睡眠を妨げられ、大きくなってからも夫婦だけの時間は減り、家は汚れます。

もちろん、子どもを持つ喜びもあります。ただ、それだけで子どもにまつわる全ての苦労がクリアになるほど、妊娠・出産・育児は容易なものではありません。

人生の中でかなりの労力を伴うものですから、配偶者の協力も不可欠です。だからこそ、子どもができる前に子どもを持つことの意味を配偶者と十分に話し合うことは大切なプロセスになります。

たとえ時間が経てば経つほど妊娠しにくくなるという危機感があったとしても、このプロセスを飛ばすことは好ましくありません。まだ妊娠してもいないのにすれ違っているのであれば、妊娠・出産・育児で度々訪れる辛苦を二人で突破することは不可能です。

ちょっと厳しいことを書きすぎましたね……。

少しソフトな話をしましょう。子ども嫌いな人の目を子どもに向けさせる方法です。まずは小さくて可愛い子どもを見繕って（偶然を装って）引き合わせることです。親類縁者や学校の同級生などを当たって、夫婦が子どもをあやしている姿を、子ども嫌いなあなたの配偶者に見せてみてください。

幼児が嫌いなようであれば、もう少し大きな子どもに触れる機会を設けてみましょう。嫌いなものを好きになるのには、他人による強制はうまくいきません。

ですから、他人としてできることは、**嫌悪感の要因を確認し、その要因が排除できることを示すか、その嫌悪感を上回るメリットを示す**くらいのものです。

誰もが自分の子どもが生まれてくれれば可愛いもので、世話をするものだとすれば、児童虐待の通報件数が毎年過去最高になったりしませんし、離婚後の養育費の支払い率が2割くらいになったりしません（つまり8割のケースでは養育費がもらえていない）。

今、子どもを作ることの意義を話し合うのが、子どもにとって望ましい環境を作るための第一歩です。

まとめ

- **〝結婚をしたら子どもを作る〞は当たり前ではありません。**
- **どうして子どもが欲しいのかを話し合いましょう。それが子どものためにもなります。**

Q 14

同棲している彼は、「子どもを持つなら有名校に入れたい。教育にはお金がかかるから、今の収入では子どもは持てない」と言います。私は「やってみればどうにかなるのでは？」「お金をかけなくてもいいのでは？」と思ってしまいます。実際、子どもの教育にはそんなにお金がかかるのでしょうか？

A

高校までは、全て公立で五百万円全て私立で千八百万円です。

結婚すると色んなことにお金がかかります。

最初は結婚絡みのもの（指輪や披露宴、結婚式、引っ越し）。ここは百～四百万円くらいでしょうか。その後に出てくる大きな買い物と言えば、家と子どもになります。

家はマンションか戸建てか、その中でも新築かリフォームか中古かで大きく値段が変わります。家にかけるお金は、一般的に五百～五千万円くらいです。どれくらいのお金をかけるかは、夫婦の年収や価値観や住んでいる地域によって変わります。

子どもには食費や被服費ももちろんかかりますが、教育費が一番大きく、各家庭で差が出るところです。

二年に一度行われる文部科学省の「子供の学習費調査」で、日本の親が子どもの学習費にどれくらいお金をかけているかがわかります【図7参照】。具体的には、幼稚園、小学校、中学校、高校までで、公立と私立でそれぞれ学習費がいくらになるかを調べたものです。

ざっくり言えば、**全部公立なら教育費は約五百万円、私立なら約千八百万円です。**

ただし、これはあくまで平均の数字です。この調査を詳しく読むと、親の年収が低ければ低いほど子どもにかける学習費は少なく、親の年収が高ければ高いほど学習費は高い傾向があるとしています。

要するに、親がお金を持っていれば、子どもの学費にお金をかけるということですね。

義務教育は小学校と中学校です。高校進学率は97％くらい、大学進学率は55〜56％くらいです。**親としては最低、高校進学までの学費は用意する必要はある**でしょうね。

大学の学費は数百万から一千万円くらいでしょうか。日本学生支援機構の貸与型奨学金を利用して、子ども自身が学費を負担するケースも最近は増えています。

この相談のように、具体的に有名校に入れさせたいという希望があるなら、もうそれだけで結構なお金がかかることを覚悟することになります。入学してからの学費もそうですし、入学する前の塾の費用もあるでしょうからね。

図7の学習費総額は、学校で実際にかかるお金（学校教育費と学校給食費）と学校以外の学習費である学校外活動費によって構成されています。このうち、学校外活動費には家庭教師や塾の費用も含まれています。塾に行く代わりに、親が勉強をサポートすれば学校

図7　幼稚園3歳から高等学校第3学年までの15年間の学習総額

（円）

<table>
<tr><th rowspan="2">区分</th><th colspan="4">学習費総額</th><th rowspan="2">合計</th></tr>
<tr><th>幼稚園</th><th>小学校</th><th>中学校</th><th>高等学校</th></tr>
<tr><td>ケース1
（すべて公立）</td><td rowspan="3">634,881
（公立）</td><td rowspan="3">1,924,383
（公立）</td><td rowspan="3">1,444,824
（公立）</td><td rowspan="3">1,226,823
（公立）</td><td>5,230,911
（公→公→公→公）</td></tr>
<tr><td>ケース2
（幼稚園だけ私立）</td><td>6,088,853
（私→公→公→公）</td></tr>
<tr><td>ケース3
（高等学校だけ私立）</td><td>6,977,880
（公→公→公→私）</td></tr>
<tr><td>ケース4
（幼稚園及び
高等学校が私立）</td><td rowspan="3">1,492,823
（私立）</td><td rowspan="3">9,215,345
（私立）</td><td rowspan="3">4,017,303
（私立）</td><td rowspan="3">2,973,792
（私立）</td><td>7,835,822
（私→公→公→私）</td></tr>
<tr><td>ケース5
（小学校だけ公立）</td><td>10,408,301
（私→公→私→私）</td></tr>
<tr><td>ケース6
（すべて私立）</td><td>17,699,263
（私→私→私→私）</td></tr>
</table>

出所：文部科学省／平成26年度子供の学習費調査／2.調査結果の概要

外活動費は大きく節約できるかもしれません。

ここまで教育にはどれくらいのお金がかかるかを書いてきましたが、はっきり言えば、こんなことはどうでもいいことです。

この相談は、子どもの学習費がいくらくらいかかるかを説明して解決できるものではありません。**真の問題は、二人の子育ての考え方が違っていて、それを擦り合わせできていない**ことです。

考え方が違うのは、別の人間ですから当然ですし、違うからこそ一緒にいて面白い部分もあります。

でも、この相談では考え方が違っていて、お互いにちょっとモヤモヤしているのに、十分に話し合って妥協点を見出すという努力をしていないように見えます。

彼のほうは彼のほうで、子どもを有名校に入れたい理由と教育にかかる概算金額を、**あなたに丁寧に伝えたほうがいい。**

あなたはあなたで、お金がどれくらいかかるかわからないのに「どうにかなるだろう」と伝えるのではなく、**相手がどうしたいかをまずは聞いたほうがいい。**

お互いに育ってきた環境は違っていて、考えていることも違います。彼は有名校出身だったり、学歴がなくて苦しんだりしたかもしれない。あなたはあなたで学歴に苦しんだことがなかったかもしれない。だからこそ、**違っていることを丁寧に確認して、一緒に二人だけの結論を導き出すことに意味があります。**

男女が結婚する目的として「子どもが欲しいから」という人は増えています。そもそも子どもができるかどうかは別の問題としても、結婚前に、子どもができた後のことを話すのは不自然なことではありません。かかる費用だけではなく、二人には子育てに費やす時間があるのか、女性側が働き続けるか、続けられるかも大きな検討ポイントでしょう。

ちなみに、最初に紹介した学習費は、言わずもがなですが、一人当たりの金額です。子どもがいる夫婦の五割くらいは子どもを二人持っています。つまりこの金額が二倍必要になるわけです。何人くらい子どもが欲しいかというのも、一人あたりいくら教育費をかけるか以上に重要なことです。

私も子育て経験者の一人としては「生めば何とかなる！」とは思っています。ただ、子どもにはお金がかかるのも事実です。重要なことだからこそ、あいまいにせずに、話が出たときに詰めておきましょう（関連Q＆A13）。

まとめ

- **子どもにかかる学習費は高校まででで五百〜千八百万円です。答えはないので、二人で十分に話し合いましょう。**

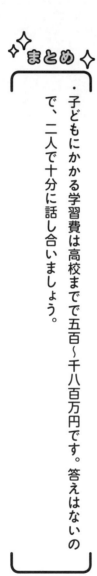

Q15

自分に投資したほうがいいと言いますが、どんなことであれば「自分に投資する」ことになるのでしょうか？　いくらくらい投資すればいいものでしょうか？　友人はエステでローンを組んで女磨きをしています。私もそうしたほうがいいのでしょうか？

A

「投資はリターンとセットである」と意識しましょう。

美容にお金を使うこと、ファッションを気にかけることを、自分磨きや自己投資と呼ぶことがあります。

いきなりばっさり切ってしまって申し訳ないのですが、こういったお金の使い方は、基本的には、**投資ではなく消費（悪くいえば浪費）**だと考えられます。

なぜなら、リターン（見返り）がどれくらいあるかを考えないでお金を使っているからです。

投資とは、自分のお金を投じて、投じた以上の見返りを期待するものです。他人がやっているから、やったほうがいいからという曖昧な理由ではなく、自分にとってどんな見返りが得られるかを考えて行うのが投資なのです。

投資の発想からすれば、「友達も女磨きをしているのだから」と周りのマネをしてお金を費やすのは賢い選択ではありません。

周りがお金を費やしていることに自分もお金を費やすとなれば、**他の人よりどれだけ多くのお金を使うかという競争になり、投資金額が増えることで見返りはその分少なくなっ**

てしまいます。

さらに、**借金をして（ローンを組んで）自己投資というのは茨の道**です。

このお友達のようにローンを組んでエステに通うということであれば、ローンによって金利を払うことになります。

今の日本はずいぶん金利が下がっていて、銀行に預金しても1年間の金利は0・1％もつきませんし、住宅ローンの借入金利は1～3％程度でしょうか。エステサロンが提供するローンの金利は、15％以上取るところもあります。**金利を多く負担するなら、その分だけより多くの見返りが必要となります。**

10年ほど前にブルーオーシャン戦略という考え方が話題になり、日本の経営の現場に持ち込まれました。「血で血を洗う競争がある市場（レッドオーシャン）ではなく、競争相手が少ない穏やかな市場（ブルーオーシャン）で企業は事業を行うべきだ」というものです。

自己投資でも同じことが言えます。他人が競い合っている分野に参入してもなかなか良い見返りは得られません。高い金利を支払うことになるならばなおさら厳しいです。自己投資をするならば、**どんな見返りがあるかを考え、その見返りが効率的に得られる方法で投資する**ことをオススメします。

相談者さんが若い女性だとして、若い女性の自己投資の見返りとして期待することは、色々あるでしょうが、たとえば、

①周りの同性に評価される
②良い男性と出会える、結婚できる
③仕事での給料が上がる
④副収入が得られる

こんなところが考えられます。この中であれば、「③仕事での給料が上がる」という見返りをオススメします。

①と②は投資した金額に見合う見返りが得られたかどうかがはっきりしません。エステに50万円使った結果、合コンで意中の相手から50％の確率で告白されるようになるなんて、わかりやすい効果は得られませんよね。

④のように副収入が得られるのは嬉しいけれど、簡単にお金儲けができる方法というのはそうそうありません。完全に否定するものでもありませんが、優先順位は必ずしも高くはない。

「③仕事での給料が上がる」ためには、仕事の幅が広がる形で能力開発をすることになります。

あなたがプログラマーであれば使えるコンピュータ言語を増やす、営業であればプレゼン研修に参加する、経理・事務系であれば資格取得に励むといったことでしょうか。

今の仕事でのスキルを向上させるというのは、どのような方向性で能力開発をすればいいか多くの人にとってわかりやすいと思います。

また、一旦給料が上がれば効果は長期間継続することになります。成果が見えやすい。

仮に②の良い男性との結婚を③よりも優先すると考えていても、結婚後共働きとなるのは、今は一般的ですし、出産でブランクができるとすれば、技能が産休後に有利に働きます。地味な結論かもしれませんが、**自己投資をするならば、今の仕事を深められる、広げられるようなお金の使い方**を推奨します。

最後に一つだけ。最初のほうで美容やファッションにお金を使うことを消費や浪費だと書きましたが、何もこういった消費行動を否定するつもりはありません。綺麗になるのは気分のいいことですし、ショッピングも楽しいものです。

ただ、それを「自分磨き」や「自己投資」の一環としてしまうのは、自分をごまかしているのではないでしょうか。

「自分磨き」や「自己投資」という言葉に引っ張られて、それで何かが実現できる、人生が良くなると過剰な期待を抱いてしまったら、思ったほど見返りがない現実に辛くなることもあるでしょう。

それなら「自分が楽しくなるために美容やファッションにお金を使うんだ！」と割り切ってしまったほうがよっぽど気持ちよく過ごせます。周りがやっているからではなく、**自分が何にお金を使って、どんなことを実現したいか**を素直に考えると、どんなお金の使い方をしても後悔はしません。

まとめ

- **自己投資ではどんなリターン（見返り）が欲しいかを考えましょう。**
- **見返りが多く得られるものにお金を使うようにしましょう。**

Q16

これが本当にやりたかったことなのか？　と自問自答しています。今の仕事は一生懸命やっていますが、ワクワクしません。自分の本当にやりたいことを仕事にしなくていいのかという気持ちが湧いてきます。一方で、夢みたいなことを言っていてはいけないのではないかという思いもあり、前にも後ろにも進めません。

A

好きなことを副業でトライしてみましょう。

日本人は、今の仕事を一所懸命やっているものの、仕事に対する満足度は低く、しかし、転職をしない傾向があります。

次のページのグラフは、２００５年に行われたＩＳＳＰ「職業意識」調査で、働き方について32の国でアンケートをした結果です【図８／図９参照】。ご覧の通り、日本の仕事の満足度は低いほうですよね。

日本は、仕事に人を貼りつけるのではなく、人に仕事を貼りつける働き方が主に行なわれています。このような働き方ですと、「自分は何かができるようになった」という成長を確認する機会が少なく、どこまでやったら仕事が終わったかという区切りも明確ではない傾向があります。

職場には暗黙のルールがあり、人間関係で気を遣うことも多い。日本の職場環境は、仕事の満足度を得にくいのかもしれません。

だったら思い切って転職をして環境を変えようと思っても、転職先も同じような環境かもしれませんし、そもそも日本人はなかなか転職をしません。同じ職場で働き続ける人は

図8　仕事の満足度

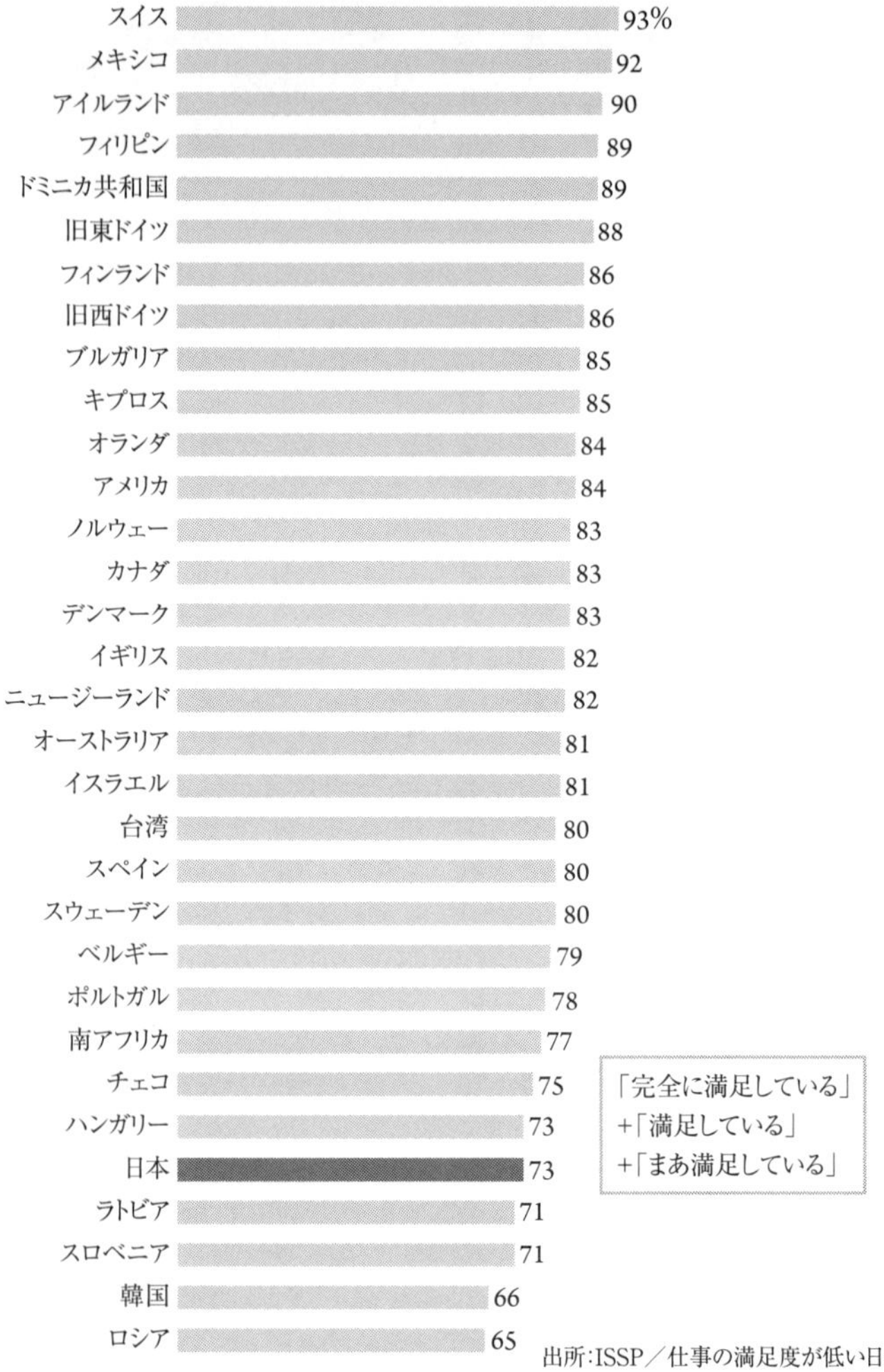

出所:ISSP／仕事の満足度が低い日本人

図9 「仕事の満足度」との相関関係

仕事の評価	失業の心配がない	0.46
	収入が多い	0.37
	昇進の可能性が高い	0.46
	おもしろい	0.68
	自分ひとりでできる	0.52
	人助けができる	0.52
	社会の役に立つ	0.40
	自分の能力を高められる	0.73
心身への影響	ぐったり疲れて帰宅	–0.27
	ストレスを感じる	–0.60
人間関係	経営者と従業員	0.72
	職場の同僚	0.60
職場に対する意識	進んで仕事	0.53
	職場に誇り	0.67
	転職しない	0.33
週労働時間		–0.22

※ピアソンの相関係数　※網かけ→相関係数の絶対値≧0.6

出所：ISSP／仕事の満足度が低い日本人

非常に多いんです。

わざわざこんな統計を最初に紹介した理由は、「仕事にワクワクしていないのは日本ではよくあることだ」ということを申し上げたいからです。

今の仕事に満足しておらず、でも思い切って転職することもできないのは、あなただけではありません。下手をするとあなたが魅力的だと感じている仕事をしている人たちも、仕事に満足していない可能性はあります。

すでに紹介した通り、**仕事に満足できるかは、仕事のおもしろさだけに影響するものではない**からです。人間関係が悪かったり、ストレスにさらされていたりすれば、おもしろいと思える仕事でも辛く感じるようになります。

隣の芝生は青く見えるものなのです。

結論として「みんな同じ悩みを抱えているのだから受け入れよう」と言ってもいいのですが、それですと夢がありません！　そこで、私がオススメしたいのは、**好きなことを副業にしてみる**ことです。

好きな仕事はフルタイムの正社員として携わらなければならないというルールはありません。副業として、平日や土日のちょっと時間があるときに少しだけ関わってもいいのです。もちろん、会社によっては副業禁止規定があるので、注意は必要です。

メディアには夢を実現した人が多く登場します。そういった人の全員が最初から夢に全力投球をしていたかと言えば、必ずしもそうではありません。

たとえば、アーティスト、小説家、漫画家、ゲーム製作者、イラストレーターで成功した人の中には、他の仕事との兼業はよくあることです。

やりたいことを仕事にしても、実は自分に向いていなかったり、まったくお金が稼げなかったりする可能性もあります。いわゆる好きなことというのは、その仕事をしたい人がたくさんいるために、競争が激しいこともあります。

うまくいかない可能性は高いですから、兼業するというのは現実的な判断ですよね。

実を言えば、私も同じような状況です。

本業はしっかりあった上でブログを運営し、複数のメディアに寄稿し、今こうして本を書いています。私の場合は、本業の仕事も満足感はそれなりにあるのですが、家事・育児をした上の空いた時間で趣味として活動しています。

最初から今のような展開になることを目指していたわけではなく、自分の好きなことをしていたら、たまたま機会に恵まれました。ありがたいことです。

〝やりがいを感じていないなら今の仕事を続けちゃいけない〟なんてことはないし、〝自分のしたいことを諦めなければならない〟こともありません。

したいことがあるのなら、空いている時間にやればいいんです。実際にやってみて時間が足りない、もっとやりたい、うまくいきそうだと思えば、そのときに副業を本業にすることを考えましょう。

まとめ

・仕事の満足感には、仕事のおもしろさ以外に人間関係やストレスも関係します。
・好きなことがあるなら空いている時間に挑戦してみましょう。

Q 17

やりがいのある仕事ですが、月に100時間前後残業しないと仕事がまわりません。収入は暮らしていく最低限くらいの給与です。このまま続けていくべきか悩んでいます。どうすべきでしょうか?

A

今すぐ辞めましょう。

Q16は仕事のやりがいが感じられないというものでしたが、こちらは仕事のやりがいは感じられる、ただし労働時間と給与は見合っていないという相談です。

いつも月の残業時間が100時間くらいになるというのは非常に極端な例ではあるものの、仮に月の残業時間がいつも80時間を越えるということであれば、悩むどころではなく、今すぐその仕事を辞めてください。

どうしてここまではっきり言うかというと、**「2~6ヶ月平均で月の残業時間が80時間以上」というのが過労死認定ライン**だからです【図10参照】。

これくらい働きすぎて何らかの病気になり死亡した場合、働きすぎが原因だったと認められる可能性が高い数字が「2~6ヶ月平均で月の残業時間が80時間以上」なのです。

要するに死んでもおかしくない残業時間です。

他にも色々な基準があるのですが、**残業時間がいつも月45時間を超えるようになったら働き方を考えるようにしましょう。**

図10　労災認定基準の基礎となった医学的検討結果を踏まえたもの

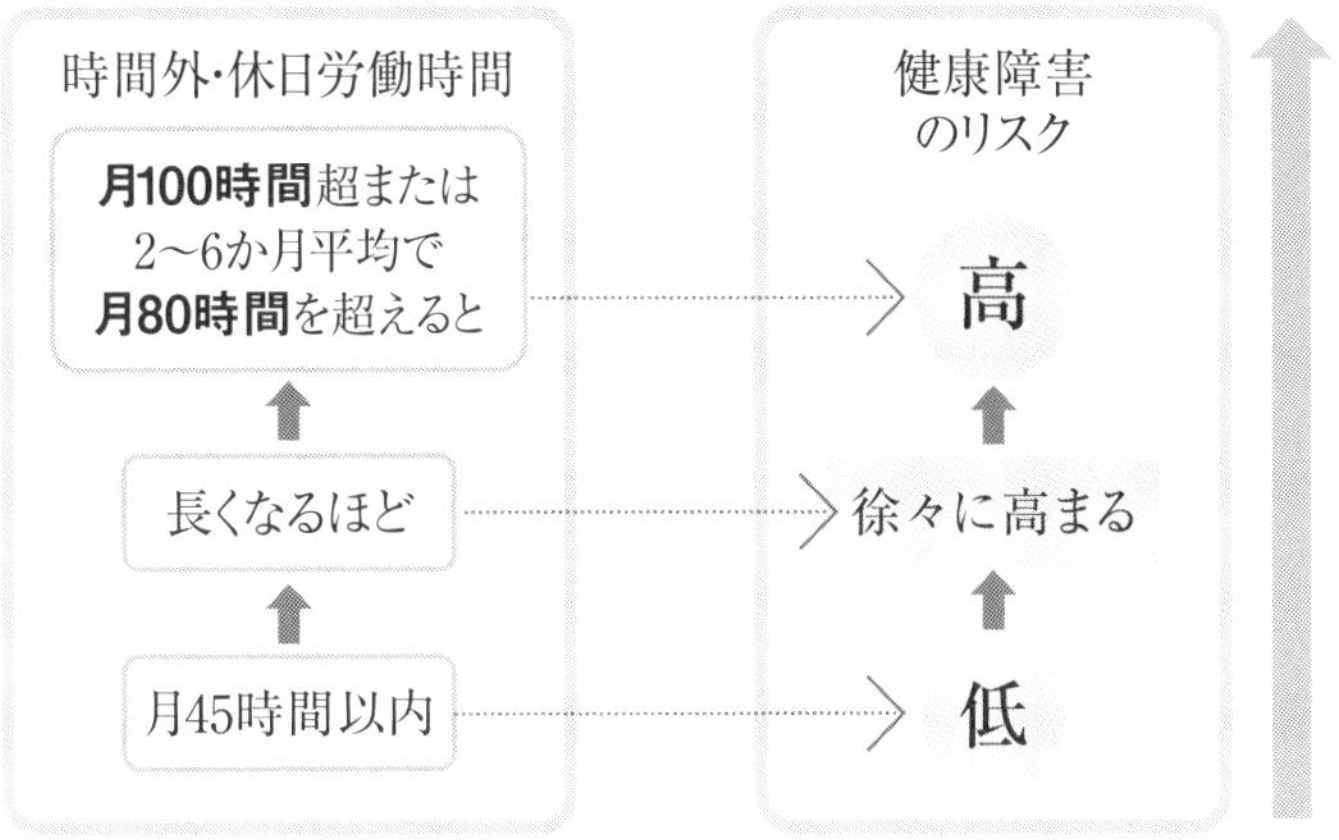

出所：厚生労働省／過重労働による健康障害を防ぐために

図11　仕事満足度と労働時間との関係

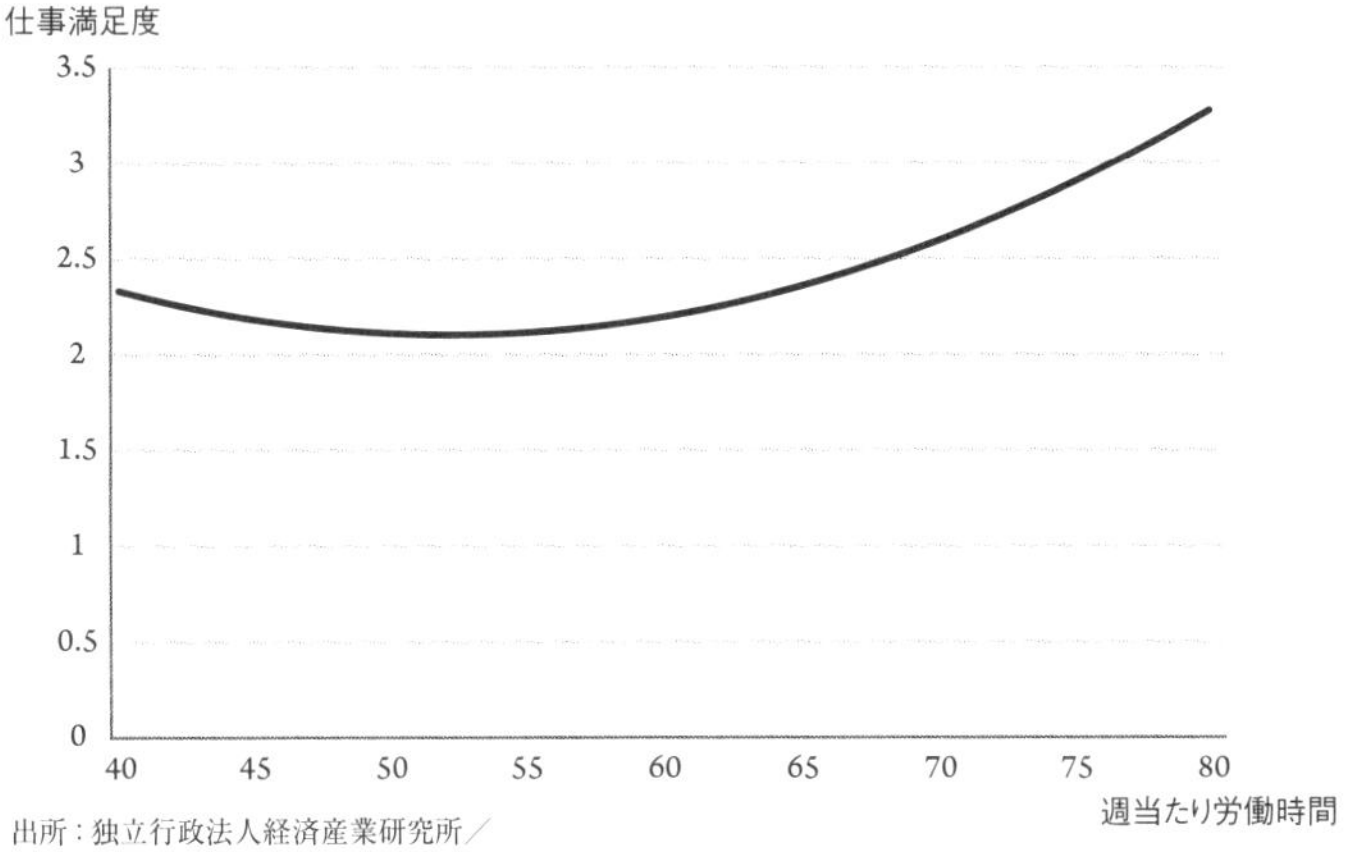

出所：独立行政法人経済産業研究所／
なぜ人々はメンタルヘルスを毀損するリスクを冒してまで長時間労働してしまうのか

働きすぎが問題視されるようになって久しいですから、働きすぎが健康に影響を及ぼすことも、誰もが知っていることだと思います。

ただ、仕事にやりがいを覚えていると、なかなか辞めるという決断ができません。


でも、そのやりがいがまやかしだったらどうでしょう？

最近の研究に、労働時間は、大体週55時間を超えると、長ければ長いほど仕事の満足度を感じるというものがあります【図11参照】。あなたは**労働時間が長いから、仕事にやりがいを覚えている可能性がある**のです。

やりがいは大切ですが、これ以上この仕事を続けていると、あなたはいつか身体を壊します。死んでからでは遅いのは当たり前のことですが、病気でも同じことが言えます。


たとえば、うつ病。

日本うつ病学会の発表によれば、初めてうつ病にかかった人は、短期間で回復する人が大半であるものの、1年半でも回復しない人が15％という数字もあります。5年以内の再発率も40～60％とされています。

一度病気になると健康のありがたみを感じられるようになりますが、病気になってからでは遅いことがあります。

給料が上がる可能性もほとんどないでしょう。何しろ、最低限の給料でも、仕事にやりがいを感じてくれて、働き続けてくれる、あなたのような人がいる職場ですからね！　ブラックな職場ほどやりがいを感じるというのは皮肉な話です。

本来は転職先を見つけてから退職することをオススメしたいところですが、こんな働き方をしていればいつ身体を壊すかわかりません。転職活動にも十分な時間を使えないでしょう。

ですから、できるだけ早く、自分のために、今の仕事を辞めてください。

ただ、失礼を承知で申し上げれば、**労働時間が長ければ長いほど、正常な思考ができなくなっている**のも事実です。

とりあえず、土日込みで一週間仕事を休んでみてください。また、両親や友人など信頼できる人に今の状況を包み隠さず話してみてください。客観的な視点で今の仕事を見つめてみて、仕事を続けるかを考えてみましょう。

まとめ

・長時間労働をしていると仕事の満足度は高まります。
・判断がつかなければ、仕事を休み、信頼できる人に話をしましょう。

Q 18

職場の同僚が私を嫌っています。どうしたらいいでしょうか？

A

思い切って好意があることを伝えてみてください。

人に嫌われるのは気持ちのいいものではありませんが、なぜだか自分を嫌ってくる人はいます。それが、接点を持たなくても済む人なら特に問題ないとしても、職場の同僚や取引先、一緒に住んでいる家族となると、なかなか困った事態に発展します。

大体の場合、自分を嫌っている人には、こちらもうまく対処ができなくなります。嫌がられていることがわかれば、あまり一緒の時間を取りたいとは思いませんし、優しく接することができなくなります。

こういうときに利用したいのが、**「返報性の原則」**です。

「相手に対して抱いている感情が、相手から自分に返ってくる」というもので、**あなたが相手を好意的に見ると、相手もその好意を受け取って、あなたに好意的に接する**のです。

これは悪意など他の感情でも言えることで、実際先ほど紹介した通り、相手が自分を嫌っていることがわかると、こちらとしても相手に対して嫌悪感を抱くようになります。

嫌われた理由が何かわからない中で、相手に対して好意を表明するのはなかなかハードルが高いかもしれません。しかし、これが習慣的にできるようになると人間関係がイージーモードになりますので、ぜひやってみることをオススメします。

嘘の感情を相手に伝えるのが嫌なのであれば、相手の行動に注目してみましょう。ちょっとでも評価ができることがあれば、それを伝えてみるのです。自分のためや、組織のために何かいいことをしてくれていたら、感謝の気持ちを伝えてみます。

また、相手の些細な変化を指摘するのも一つの手です。

たとえば髪の毛を切ったことや新しい服を着ていることなど、外見からわかるもので結構です。通常、人は他人から興味を持たれることに慣れていません。ですから、ちょっとした変化を指摘するだけでも、その人はあなたを〝特別な人〟だと思うようになります。

ここまで来れば、相思相愛状態まで持っていくことは簡単です。相手が自分に対して嫌悪感を抱かなくなれば、こちらも嫌悪感を持とうという返報性は失われます。「気づけば、あんなに嫌い合っていた人と仲良しになっている」なんてことも十分にありえます。

少し話は変わりますが、「自分を嫌ってくる人が多い」と思うのであれば、「あなた自身もその人たちを嫌っていないか」を考えてみてください。他人があなたを嫌っていたとしても、あなたまで相手を嫌う必要性はありません。

人は、精神状態が安定しないとき、周りから評価されていないと思っているときほど、他人からネガティブに思われていると思いがちです。

逆に、気持ちが安定し、自分が自分を好きになっていると、自然と他人も自分を好きなのではないかと思うようになります。

誰かに対しての好悪の感情は、自分自身の精神状態を理解するための良い助けになります。**嫌いな人が多い、嫌ってくる人が多いと感じるときは、特に自分のことを大切にする**ようにしてください。

まとめ

・あなたが嫌うほど相手もあなたを嫌います。気持ちよく付き合いたいなら好意を伝えましょう。

Q19

嫌いな同僚の結婚披露宴に呼ばれましたがご祝儀を払いたくありません。どうすればいいでしょうか?

A

欠席しましょう。

結婚式は、招待されたからといって、必ず出席しなければならないものではありません。

祝う気持ちがある人だけが出席すればいいのです。職場の同僚だからという理由だけでは祝う気持ちは生まれないでしょう。嫌っているのであればなおさらです。

ただ、断りづらいのは職場の同僚全員が招待されていて、自分以外は出席しそうなときです。欠席が多そうであれば徒党を組めばいいのですが、自分だけ不参加となると、会社での評判を考えてしまい簡単には欠席できません。

こんなときの断り文句はこれです。「わー、結婚するんだ。おめでとう！　あ、でもスケジュールを確認してみたら、その日は親族の結婚式だった。ごめん、式には出られないけど、お祝いはするから、住所を教えてね！」と説明のつく適当な理由で欠席を表明します。

この断り文句を作る上でのポイントは、三つです

①以前からスケジュールが埋まっている（後から入った予定ではない）ことに触れる

②その予定は明らかにその同僚の結婚式より重要と考えられるものにする

③お祝いの贈り物を送る住所を聞く

嘘をついて**お断りするタイミングは、できるだけ早めにしましょう。**結婚の招待状が届く前、職場で本人から結婚式に口頭で招待されたときに、その場でスマートフォンをチェックして回答できるのが理想的です。返事が遅くなればなるほど嘘っぽくなりますし、招待をした同僚も「参加してくれるのではないか？」と期待してしまうからです。

嫌いな同僚の結婚式に出席したくない理由の一つに、「ご祝儀を払いたくない」ということがあると思います。そんなあなたにとって、嫌いな同僚のためにわざわざ贈り物を選んで送るなんて耐えられないかもしれません。その気持ちは痛いほど理解できますが、ここは耐えてください。

欠席だと素直に言えない、他の同僚の目が気になる、気の弱いあなたの落とし所はここしかありません。

具体的にどのような贈り物がいいかと言えば、金額の水準は、ご祝儀相場の半額くらい（一〜一・五万円）で十分です。

品物は、数があっても困らない、金額も張らないけれど、受けとった方は立派なものだと喜んでくれる、定番の結婚の祝いの品である「カトラリー」がオススメです。

どうしても贈り物なんて送りたくない人はこんな想像をしてみてください。

結婚式に渋々承諾して参加することになったあなた。嫌いな同僚の式だけれど、会社の人も出席するし、衣装を色々と考える必要があります。

ドレスはサイズが合わなかったり、何度も着たものだったりして新しく買う必要があるかもしれません。髪型も整えなければなりませんから、美容室で髪を切るかセットをする必要があります。当日は朝から時間をかけてメイクをし、高いヒールの靴を履いて電車で式場まで移動します。

茶番劇のような挙式が終わり、披露宴が始まりました。会社の人がいるため好きに飲むこともできず、嫌いな同僚が視界に入るため、食事は砂を噛むような味気ないものになります。お色直し、新郎新婦の両親への手紙の朗読などを横目に数時間を過ごします。

場合によっては二次会があるでしょう。二次会にも会社の人はいますから、あまり気を緩めることができません。出社している以上のストレスがあなたを襲います。嫌いな同僚が人々から祝福されるという、耐え難い時間をまた過ごすのです。

当然ながら、その場で、その同僚の悪口は言えません。それを言ってしまったら、わざわざここまで苦労してきた甲斐がなくなります。

ようやく二次会も終わり、ヘトヘトになりながら電車で帰宅し、靴を玄関に投げ出し、メイクを落とす気力もないままベッドに倒れこむ。起きたら翌日の昼過ぎになっていて、結局、休日を一日半無駄にしたことに気付き、顔を洗おうと鏡の前に立つと見るに堪えない人相の人物がいる……。


どうでしょうか。キッパリ欠席を表明し、一万円くらいの贈り物を送る方が安いと感じてきませんか？

まとめ

・結婚式は祝う気持ちがある人が参加するもの。相手が嫌いならば参加しなくて大丈夫です。
・結婚式の招待を断った後の世間体が気になるなら、贈り物をしましょう。

Q20

私の仕事は社会にとって、とても意義のある仕事だと思っています。しかし、同僚にあまりやる気のない人がいてイライラします。彼女をちゃんと働かせるにはどうしたらいいでしょうか？

A

あなたにできることはありません。

自分は頑張っているのに、周りが頑張っていないというのはよくあることですよね。

では、頑張っているあなたが正しく、頑張らない人が正しくないかと言えば、そんなことはありません。

人それぞれに、実現したいことがあります。相手が自分で決断したのならまだしも、あなたが勝手に決めたゴールを、あなたと一緒に目指すことを強制されなければならない理由は、相手にはありません。**その人の生きたいように自分の人生を生きていい**のです。

これがどうしても納得いかなければ、逆の立場に立ったときのことを想像してもらうといいでしょう。

頑張っていないと思う相手から「仕事よりも家庭の時間を大切にしたい。あなたみたいにバリバリ働く人がいると迷惑だから止めて」と言われたらどうでしょうか。相手の理屈もわかりますよね。

先ほど少し触れたように、**複数の人間が同じように努力する、頑張るにはゴールの共有が大前提**になります。

ゴールを共有しても、そこからどこまで努力できるかは、人それぞれです。

あなたが認めるほどは努力ができない人がいても、その人にとっては精一杯かもしれません。一応はゴールを共有していたとしても、他にも並行して行いたいもの、行わなければならないものがあるかもしれません。

「あなたは怠惰だからダメだ」とは言えないのです。他人の人生は他人のものだからです。

ですから、この相談の結論は「あなたにできることはありません」になります。

すみません、期待に応えられなくて……。


ただ、イライラする気持ちをどうにかする手立てはあります。

イライラを解決する方法は、あなたが自分を適切に評価することと、できれば**他人からも良い評価を得ること**です。

ちょっと意味がわからないかもしれないので具体的に順を追って説明しますね。

まず、なぜイライラしてしまうかという理由を考えてみましょう。「そんなの彼女がやりがいがある仕事を頑張らないからに決まっている！」と思うでしょうね。

でも、本当は違います。あなたをイライラさせているのは、頑張らない彼女ではありません。**イライラさせているのは、あなたの心です。**

社会にとってやりがいのある仕事をしていて、全力で頑張っているのなら、現状には満足できているはずです。わざわざ彼女と自分の頑張り具合を比較する必要はありません。それでも、どうしても彼女のことが目に入ってしまうのは、頑張らない彼女でも同じ仕事をしていることで、**自分の頑張りが適切に評価されていないと感じてしまうから**です。

他人と自分を良い面でも悪い面でも比較してしまうのは仕方ないことです（関連Q＆A29）。他人と接しないで生きていくことはできませんからね。

でも、**比較することで常に自分を満たそうとすると安定しません。**他人はあなたが思うように生きているわけではなく、自分の好きなように生きているわけですから。

ですから、他人を見てイライラする場合の対処法は、**自分で自分を認めてあげること**になります。

仕事で何かを実現できたら、自分を思う存分褒めてあげましょう。自分がこれまで達成してきたことを紙に書き、寝室の天井に貼り付けて、毎日自分を認めてあげましょう。

もしできるなら、他人から良い評価を得るのもいいですね。

母親から「あなたは私の誇りよ」、上司から「頑張ってるね」、彼氏から「君の働いている姿が好きだ」と言ってもらえると、もっと気分がよくなると思います。「なぜ、彼女と自分を比較していたんだろう?」とバカバカしくなるはずです。

ただ、他人の評価は流動的なんですよね。親や彼氏（夫）ならまだしも、上司がいつもあなたを認めてくれるわけではありません。ですから、まずは、あなた自身が自分を評価してあげるようにしましょう。

まとめ

- **他人には他人の人生があり、あなたの思い通りにはできません。**
- **他人と比較してイライラしてしまうのは、自分が評価されていないと感じるからです。思いっきり、自分のことを認めてあげましょう。**

Q21

同僚は誰かに不満があると本人に言わず、すぐに上司に告げ口します。直接言ってくれれば、こちらで対処のしようもあると思うのですが、上司経由でそのことが告げられます。彼女のご機嫌取りをしなければならないことに不満を感じます。どうしたら告げ口を止めさせられるでしょうか?

A

彼女と仲良くなりましょう。

Ｑ20の相談に続いて、この相談があるのは面白いですね。Ｑ20の仕事に一所懸命な人が、仕事で頑張ってくれない女性社員をどうにかしたくて上司に告げ口したパターンがこの相談と考えるとわかりやすいと思います。Ｑ20の女性社員は多少頑張ってくれないくらいで、仕事に問題があるわけではありません。

Ｑ20で回答した通り、会社の同僚を自分の思う通りコントロールすることなんてできません。でも、現実には、なんやかんや文句を言ってくる人はいるものです。

今度はコントロールされる側の立場に立って何ができるかを考えてみましょう。

まず、彼女がこんなことをしてくる原因は何でしょうか。

元々は、あなたや他の同僚の仕事の仕方に不満があるようです。不満を改善させる方法として、上司から間接的に伝えるという手段を取っています。

誰かに文句があるときに他人を仲介するのは、別におかしな方法ではありません。

直接話すか、間接的に伝えるかを分けるポイントは、相手との親密性と自分の発言の有

効性になります。相手と自分が親しくて、自分が言って相手が言うことを聞いてくれると信じていれば、直接伝えようとするでしょう。

この相談の場合でも、上司経由で不満を伝えるのは点数稼ぎが目的ではなく、親密性と有効性を考えての可能性はあります。相手の事情を考慮するのはしゃくかもしれませんが、理由がこれなら対処策はあります。それはこの女性と仲良くなることです(関連Q＆A18)。

あなたが彼女を点数稼ぎの嫌な奴だと思えば思うほど、相手はあなたに対して心理的なハードルを感じるようになります。

相手に話をしてもらおうと思えば、それなりの関係性が必要です。彼女を変えることはできませんから、**まずはあなたが動いて、仲良くなること**です。

ちょっと注意が必要なのは、彼女があなたと親しくなって、あなたの不満を告げ口しなくなっても、彼女が他の同僚と親しくなっていなければ、彼女が他の同僚の不満を告げ口するのは続く可能性があるということです。

こうなると、他の同僚からあなたが嫌な目で見られるようになるかもしれません。

そこまで気になるのであれば、彼女の告げ口を憎らしく思う**他の同僚も誘って、彼女と一緒に仲良くなる**ことです。


一応ここまでは彼女に悪意がない前提で対応策を検討してきました。

では仮に、彼女に悪意があり、点数稼ぎが目的だった場合は、どうやって対応しましょうか。


この場合は、私は特に対応しないことをオススメします。

特に、あなたや同僚がまったく問題なく仕事をしているのであれば、一切気にしないようにしましょう。上司もバカではありませんから、問題がない社員の悪いところをわざわざ伝えてくるような人間の話は、話半分で聞くようになります。

結果、彼女が点数稼ぎで告げ口をすればするほど、逆に点数を失うことになります。

人間だからミスをすることはあります。ただ、できるだけあなた自身は真っ当に仕事をしましょう。

上司経由で彼女の不満が伝えられたら、上司に「ご覧になられて私の働き方に問題があるように思われますか？」と聞くわけです。まともな上司であれば、誰に問題があるかはわかります。

もし、**誰に問題があるか分からなければ、これは上司がボンクラだということ**です。彼女に問題があるのではなく、上司に問題があります。そして、これは別の問題です。

まとめ

- **親しみが持て、話が通じると思う相手でないと不満は伝えにくいものです。**
- **点数稼ぎで他人の悪口ばかり言う人は人から信用されなくなります。**

Q22

エステサロンで店長をしています。新卒社員にほんの少し注意をしただけで、トイレにこもって出てこなくなる人がいます。こういった新卒社員が毎年少なからずいて、すぐに辞めてしまうこともあります。どのように指導すればいいのでしょうか？

A

自分には指導力がないことを自覚しましょう。

この相談は、部下を育てるのに苦労している上司の話として一般化できますね。エステサロンで店長をしているとすれば、自分で採用している可能性がありますが、あまり特殊なケースと捉えるのではなく、一般的な会社が一括して採用し、各部署・部門・支店に配属するものとして考えてみましょう。

自分では採用する人間を選べないとして、配属された部下がうまく育たないことが多いとしたら、理由は大きく二つです。

一つ目は、**仕事に合った人を採用できていないから**です。これは、採用する側に見る目がないか、仕事の性質や人気の関係から必要な人材が入社してくれないか、どちらかです。原因がこれらに当てはまるのなら、指導方針をどうにかする前に、採用基準を明確にしたり、魅力的な職場であることをアピールしたりする必要があります。

もう一つは、**配属された社員の育て方に問題があるから**です。何か言うとすぐに辞めてしまう社員が多いのなら、指導の仕方に問題がある可能性が高いです。これが原因なら、現場での指導方法を改善する必要があります。

このように原因を整理して、それぞれ対策を簡単に紹介してみましたが、正直に言えば、一つ目の問題より、二つ目の問題を解決したほうがいいでしょう。

なぜならば、入社してくる社員の質を急激に改善することは難しいからです。各業界や会社の規模によって新人に出せる給料と福利厚生は決まっているものです。一部門・一支店の立場で、本部の採用方針に何か言ったところで限界があります。希望通りの人が配属されるかどうかもわかりません。

でも、自分の指導方法は自分でコントロールできます。

部下を育てる具体的な方法は、

①一人前になるためのロードマップを見せる

②一人前になるために必要なことを本人の個性に応じてできるだけ細かく分けて示す

③②で示したものを定期的にチェックし、実行できていないのであれば更に細かく分け、うまくできたら褒める

というプロセスです。

子育てでも同じですが、部下を育てる目的は、上司に頼らなくても、決まった仕事を一人でこなせるようにすることです。

①のロードマップは、どうなったら一人前になれるのかという道筋を紹介したものです。ゴールにたどり着くにはどんなプロセスがあるのかを説明するんですね。これで部下に目指すべき姿を自覚してもらいます。

②は、どうしたらそれぞれのプロセスで必要な技能を習得できるのか、具体的な方法を示します。エステサロンの社員が身につけるべき技能は、エステサービスのテクニック、お客さんへの営業活動、サプライ用品の管理などでしょうか。

身につけて欲しい能力をリストアップし、それを各人がどうすれば習得できるのか、習得までに必要な手順・マニュアルを具体的に検討します。もっぱら、ＯＪＴ（オン・ザ・ジョブ・トレーニング）と座学の組み合わせとなります。

③では、部下がロードマップに沿って、必要な技能を習得できたかをチェックします。習得できていなくても本人の問題にはしません。習得プロセスが部下にとって越えられない難易度だったとして、もっとステップを細かくします。

うまくできていたら褒めましょう。「前はここまでできていたのに、今はここまでできるようになったね」と、成長したことを具体的に褒めるのがポイントです。部下は、自分の努力を上司がちゃんと見ているとわかり、次も同じようにステップを踏んでいこうという気持ちになります。

このやり方は、子育て方法の中でも発達障害のある子どもの育て方を参考にしています。特に②と③ですね。子育て方法は、部下を育てるときにも応用が効きます。

自然と仕事ができた人は、このように仕事の内容を細分化して、一つ一つできるようになったことを褒める指導が苦手です。**自然にできたので、細分化をしようと思わないし、できて当たり前だから褒めることができません。**

部下がうまく育っていないのであれば、指導方法が自分の勘に大きく依存していて、指導力が足りていないということです。**指導とは、個人個人の個性に注目して、個人にとって適切な高さのステップで技術・知識・経験を習得するのをサポートし、ある段階で手を離すこと**です。

「優れたプレイヤーが優れた指導者となるとは限らない」という言葉がある通り、指導方法には、プレイヤーとは違うスキルが必要となります。そのスキルは指導者として習得する必要があります。

「見て学べ」「やればできるだろ」「なんでできないんだ」と口で言ったところで、できない人ができるようになることはまずありません。それができるならば、**あなた自身も自然と部下を育てられるようになっていてもおかしくないですよね。**

実際は、この相談のように、指導方法を意識しなければ毎年部下が育たないことで苦しむことになります。

「部下がうまく育っていない」「ダメな部下ばかり」なんて思うのであれば、あなた自身に指導力が身についていないことをまず自覚しましょう。

まとめ

・人を育てるプロセスは「①本人が目指すべき目標を設定する、②目標を実現するために必要なステップを具体的に用意する、③定期的にチェックしできなければステップを見直し、できていれば具体的に褒める」です。

Q23

私が子どもの頃から、母が私に父や弟への愚痴を言ってきます。愚痴に対して「こうやって考えては?」と提案するのですが、どう言ってもネガティブにしか受け取らず、イライラします。こんな母をどうにかできないでしょうか?

A

どうにもできません。

もし私が、このお悩みを相談してくださった人や、本書の読者の中でこの相談と同じ状況を経験している人と知り合いだったならば、私は「よく頑張ったね」「お疲れ様でした」と声を掛けるはずです。

「え？　ただ、親から愚痴を聞かされているだけでしょ？　よくあることじゃない？」と思うかもしれません。ですが、実際によくあることだとしても、これは辛い経験です。

特に、子どもの頃に父親や弟の愚痴を聞かされているのが辛い。

私はブログ経由で送られてきた相談文を読むとき、相談者が〝本来の相談者の立場〟であれば知るはずがないことを知りすぎていないか、他人に感情移入しすぎていないかをチェックするようにしています。

たとえば、相談者さんが孫の立場なのに祖父母の介護や相続に詳しいケース。

祖父母の介護や相続は、本来は孫が関わるものではなく、祖父母の子どもである両親が対応するものです。それなのに、孫が祖父母の介護や相続に詳しすぎるのは、両親の代わりにやらされている、巻き込まれている可能性があります。

また、子どもながらに「父親が浮気をしたから憎い」と思っている場合、母親から父親の悪口を聞かされた可能性があります。母親からすれば子ども以外に誰も話し相手がおらず、また自分の味方をさせるために子どもに伝えたのかもしれません。

ですが、これは**子どもにとっては虐待行為です。自分の父親（母親の場合でも同じ）を否定されるのは、自分の存在を否定されているようなものだからです。**

知っているはずがないことを知りすぎていたり、他人に感情移入しすぎていたりした場合、私は、そのこと自体を指摘するようにしています。

本人が、現在や過去に、誰かから不要な情報を押しつけられる環境があったことが問題であり、問題の解決には、まず本人が自覚する必要があるからです。

ですから、問題を見誤らないために、最初に「知りすぎていないか」「感情移入しすぎていないか」をチェックするようにしているわけです（関連Q＆A11）。

この相談者の方も、子どもの頃に母親から父親と弟の愚痴を聞かされています。

本来家族の愚痴は子どもが聞くものではありません。愚痴を聞いても子どもは何もできませんし、子どもは愚痴を聞くと「自分がどうにかしなければ」と思ってしまいます。ときには父親と弟のことを憎むかもしれない。親から他の家族の愚痴を聞かされる子どもは犠牲者です。

母親は、自分の友達や必要に応じてカウンセラーに、話を聞いてもらったほうが良かったのです。

親と子は特別な間柄で、親から愚痴を聞かされ続けている子どもは、「私が親のために何かしないといけない」と思うようになります。親も愚痴を言えるのは子どもだけなので、そうして**共依存関係ができあがります。**

もちろん、共依存関係とまでいかず、緩く愚痴を言い合う関係もあるでしょう。

ただ、もし、**自分ばかりが親を一方的に助けたいと思っていたり、親が自分の話を聞いてくれなかったりするのであれば、共依存状態になっている可能性は大いにあります。**

この共依存関係になっている場合、脱出プロセスは次の通りになります。

ア 問題が顕在化している本人だけではなく、まず何よりも親や家族自身、広くは家族間の関係性の問題であることに気づかせる。

イ 当事者、親・養育者、家族それぞれの立場ではなく「独立した個人」としての生き方を支援者と共に考える（人のためではなく自分のためという意識付け）。

ウ 本人との距離をとる＝家族など血縁だけでなく、非血縁の社会的資源の存在とそれへのアクセス方法に気づかせ、困難はあっても今までの関係性を変え、認知の変容を図る。

出所：内閣府／「ユースアドバイザー養成プログラム」

子どもが親の愚痴を聞く必要は必ずしもありません。自立した大人であれば、子ども以外に話し相手はいます。もし話し相手がいないようであれば、外部の機関を紹介してあげたらいいのです。

どうしても話を聞いておきたいということであれば、淡々とあいづちを打ち、聞き流すことです。**決して、「自分ならば相手の問題を解決できる」と思わないこと**です。

本人が解決しようと思っていなければ大抵の問題は解決しません。他人は簡単には変えられませんし、変えられると期待していれば期待していた分だけ自分が苦しむことになります。

愚痴を言う相手とは距離を取るようにしましょう。

まとめ

- 子どもは親の愚痴のはけ口ではありません。親は愚痴を言う相手を子ども以外に選べます。
- 愚痴を聞いても解決しようとは思わないことです。

Q24

私は一人っ子で両親は離婚し、母に引き取られました。私が30代になった頃、父は病気をし、それを受けて祖母から墓を父の次に継いでほしいと話がありました。家族のことは大切に思っていますが、私も結婚したいし、お墓の面倒まで見られないという気持ちです。どうしたらいいのでしょうか？

A

お父さんと話しましょう。

今の日本は少子高齢化ですから、このような悩みを抱えている若い人はいるでしょう。高齢化で死亡数は増えて、少子化で墓を相続する人は減るわけですから、高齢者としては「私が死んだ後、お墓は誰が管理してくれるんだろう」と心配するのは自然なことです。まずは、自分の子どもたちに管理をお願いするとしても、子どもたちに何か問題がありそうなら、孫に話が来てもおかしくはありません。

同じような状況ですと、墓に限らず、祖母の介護についても孫である相談者さんが頼られる可能性はありそうです。何しろ、介護の有力候補である父親に健康問題があるのですから。

このような話から始めた理由は、これまで答えてきたいくつかの相談と同じように、相談しているあなたが特別ではないということを申し上げたかったからです。

同じ状況に悩んでいる人は必ずいます。しかも、増えているはずです。

あなたが50~60代になった頃ならまだしも、20~30代で墓の相続の話を考えるのはへビーですよね。まだ結婚もしていないのに、祖母や父親が死んだときのことを考えろと言われても「ものごとには順番がある！」と言いたくなるでしょう。

少子高齢化時代では、介護や年金の現役世代への負担が増えています。親の介護のために仕事を辞める介護離職が話題になり、介護離職の回避が議論されています。多数の高齢者を少数の現役世代が背負うのは、もう限界になりつつあるんですよね。お墓も同じようなもので、**これまで通りに引き継いで当然のものではありません。**

実態として、お墓の面倒を見るのにかかる費用負担はどれくらいでしょうか。宗派によって違いは出ますが、お墓の管理料が年間数万円、お盆で一万円、三回忌や七回忌などの法要で三～五万円くらいのお布施を払うことになります。

これが父方だけならまだしも、母方でも同じ話が出てきたら、一人で支払うには金額が大きすぎます。お墓の場所も違うでしょうから、お盆に墓参りをするのに交通費負担も発生します。

ここまで具体的に想定せずとも、父親に「おばあちゃんも、お父さんも、お母さんも大切に思っているけれど、私一人に墓の管理を任されるのは大変だ」と素直に伝えましょう。父親も娘に重い負担をかけさせるのは望ましいとは思わないはずです。祖母に話を通せるのは、実子であるお父さんです。

墓の管理の仕方については、年代によって少し考え方が異なります。

祖父母世代であれば、誰も墓を管理しなくなる無縁墓状態を、親族でどうにか継承して解決したいと考える人の割合が高いですが、年代が下がるほど、寺や教会による管理や、墓を3～20年といった期限付きにすることを検討する人が増えています。今風に言えば、若い人ほど墓の管理のアウトソーシングを希望しているのです【図12参照】。

一人あたりの墓の管理負担が重たくなる中で、**墓のアウトソーシングが、徐々に一般的になりつつあります。**祖母には、父親を介して、自分が大変だということだけではなく、今時の墓事情を伝えてもらうといいでしょう。

祖母に「私、お墓を守ったままじゃお嫁に行けないよ」と言うのも殺し文句としてアリ

図12　墓の無縁化防止対策についての考え

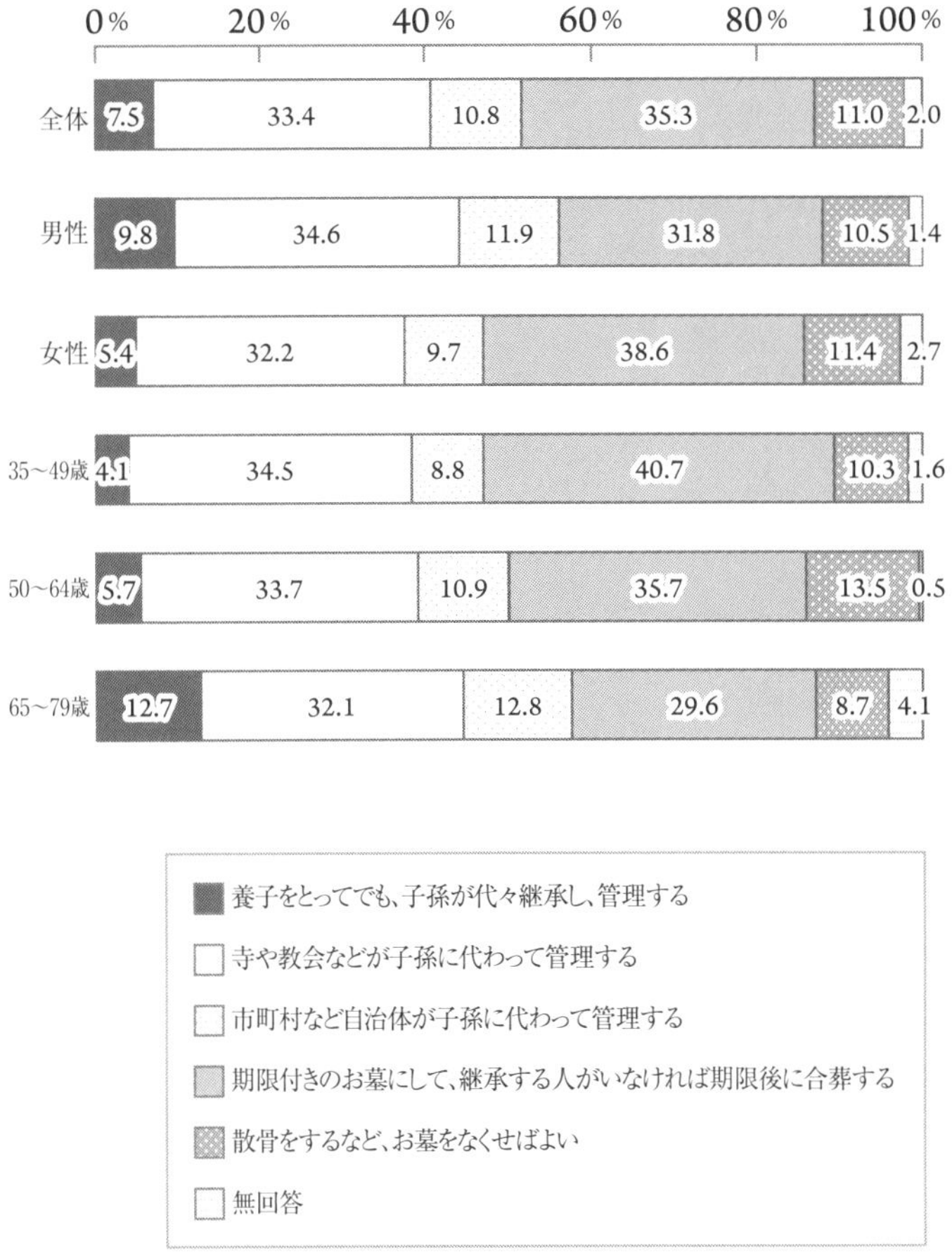

出所：第一生命経済研究所／お墓のゆくえ

ですね。墓を守るのは大切でも、そのせいで、孫が結婚できず、ひ孫が生まれないのであれば、結局墓は守られなくなりますから。

墓を子孫が継承するのは今では贅沢なことになりつつあるのです。

まとめ

・少子高齢化で、墓の管理負担も現役世代に重くのしかかっています。
・墓の管理をアウトソーシングすることも一般的です。家族で現実を共有し、何ができるかを考えましょう。

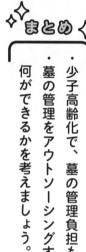

Q 25

とても素直で一生懸命、友達思いの弟（30歳）がいます。就職の面接では緊張してうまく話せず仕事が決まらないため、ずっとアルバイトをしています。弟はどうすればいい仕事を見つけて就職できるでしょうか？

A

コネを使いましょう。

正社員で働く男性の割合は、30～34歳がピークになります【図13参照】。

弟さんが30歳の今、正社員になるのはいいタイミングかもしれませんね。知っている人からするとてもいい人だけれど、正社員の仕事が見つからないというのはよくあることです。日本では新卒一括採用があることに加えて、正社員になることのハードルがあるからです。

日本の正社員は一度雇用してしまうと解雇するのが大変です。社会保険料なども非正規だと会社は負担しなくて済むことがあります。正社員を雇うことで会社はリスクとコストを負うことになるため、採用には慎重になる傾向があります。ですから、面接では**「この人は正社員で雇用しても問題ない、信頼に足る人間かどうか」というのが大きな判断基準**になります。

しかし、信頼できる人間であるかを面接で判断するのは難しいし、面接を受ける方も伝えることが非常に難しいものです。

図13　性・年齢別にみた15歳以上の者の就業の状況

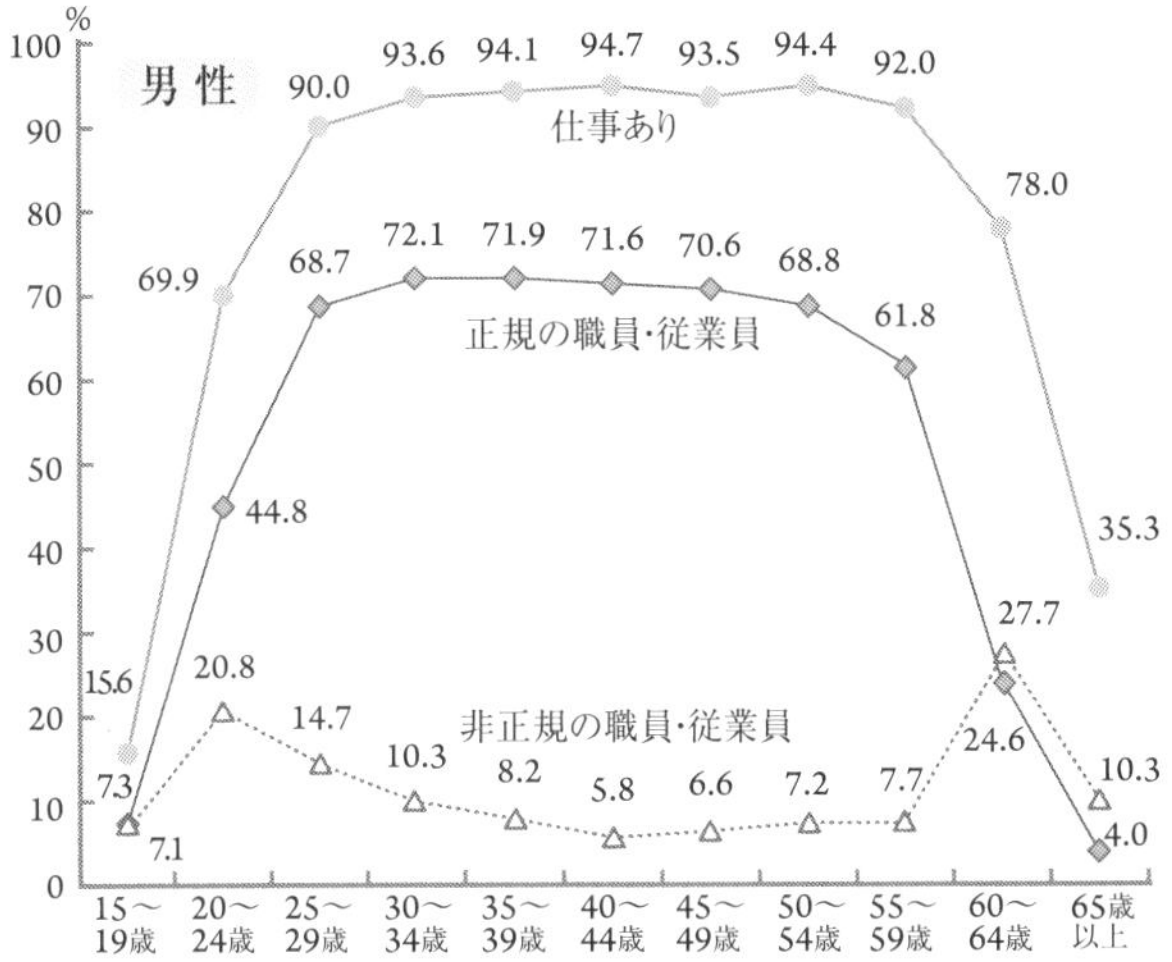

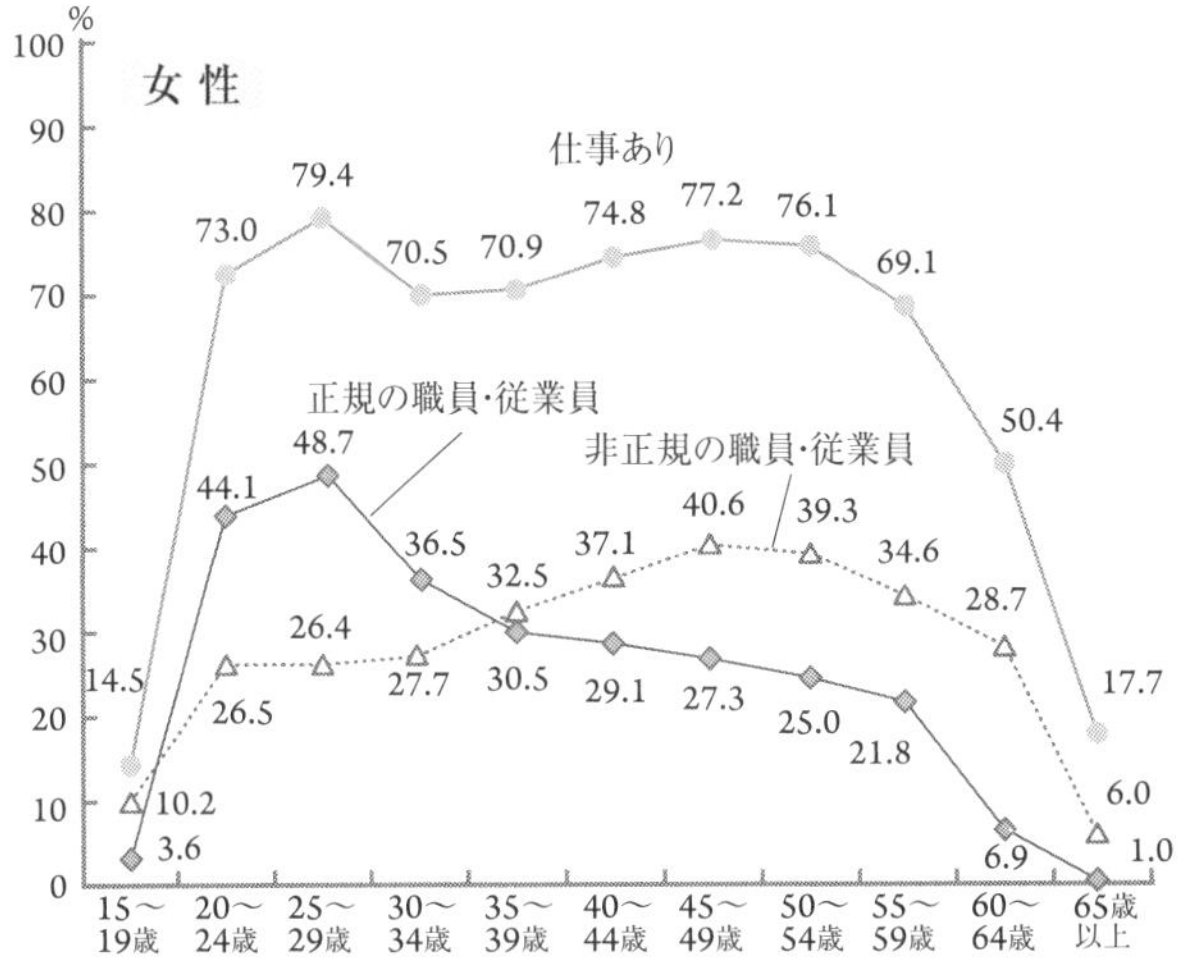

注：「仕事の有無不詳」を含まない。　出所：厚生労働省／平成27年国民生活基礎調査の概況

信頼関係というのは、普通は、ある程度の関係性があるから作られていくものですから、本来は面接時間の30～60分程度で確認できるものではありません。

ただ、あなたが弟さんのためにまったく何もできないというわけではありません。姉の立場でできることとして、オススメは**信頼できる人間から紹介してもらうこと**です。

短い面接では確かに信頼できることを伝えるのは難しい。

でも、すでに会社が信頼している人から推薦されるのならば話は別です。言ってしまえば、コネ採用ですね。

コネ採用は一般には悪いイメージがあるかもしれませんが、実は採用担当者としても、会社としてもありがたいのです。何しろ誰かに人物を保証してもらっているので、採用して失敗する可能性がぐっと下がります。採用活動のために広告費をかけて、どこの馬の骨ともわからない人間の中から使えそうな人を探し出す作業というのは、大変な労力がかかるのです。

お姉さんの立場で使える人脈を使って、弟さんに仕事を紹介しましょう。今のあなたの職場に入社させるのは仕事がしにくいかもしれませんが、取引先に「今、人を採ろうとしていませんか」と聞いてみるといいと思います。

友達に「人が足りていない職場があったら教えてね」と言っておく。親類縁者にも「弟が正社員になりたいみたいなんですが、何かいい仕事はありますか」と伝えておく。地道に見えますが、これがとても有効です。

ただ、何らかのアクションを取るのであれば、弟さん本人に事前に確認するのは必須です。弟さんが他人の力を借りたくないと思っていれば、あなたのすることは余計なお節介になってしまいます（関連Q＆A30）。家族と言っても他人であり、本人の人生は本人がどうするか決めるものです。お姉ちゃんだから、親だからと**介入しすぎると、本人が自分の人生を自分の力で歩めなくなってしまいます。**

ここまで仕事での採用の話として書いてきましたが、実はこの理屈は、恋愛にも応用できます。

恋愛でも「その人が信頼できるか」がとても重要な要素なのです。ですから、これまでに特定の人ときちんとお付き合いをしてきた人は（本人のアピールがうまいだけではなく）その経験だけで付き合ってもいいかなと思える部分があります。

昔はお見合い結婚が主流で、近所の人や親類が相手を紹介してくれたものです。今は恋愛結婚が9割となり、恋愛強者しか結婚ができなくなってしまいました。

友達に、素直でいい子なのに彼氏がいないなんて人がいれば、同じように自分の人脈を使って、彼氏候補を紹介するという手はあります。

ただ、同じように、本人の事前の同意は必須ですからね！

まとめ

・仕事は信頼関係が一番重要です。コネを使うのは採用する側・される側、お互いのハッピーにつながります。
・お節介は、本人の許しを得てからです。

Q 26

イベントや交流会のような場所で出会った人から、猛烈に会いたいと言われることがたまにあります。「この人はなぜこんなに会いたがるんだろう」と訝しむのですが、会ってみると、投資や保険、ネットワークビジネス、エステなどの勧誘がであることが多いのです。うまい断り方と、勧誘を避けるコツを教えてください。

A

うまく断る必要はなく、邪険に扱って大丈夫です。

営業の勧誘をどう断ったらいいかわからない、勧誘を避ける方法を知りたい、というお悩みですね。

こういう人に声をかけさせないようにするには、「商品やサービスを購入してくれない人だろうな」と思わせることです。

たとえば、「会いませんか？」と言われたら、「どういったお話ですか？」と質問する。「ただ会いたいんです」と言われたら、「用件をお伝えいただかないと」と確認する。「いい商品があるんですよ」と言われたら、「興味ないんですよね」と断る。**うまく断ろうと思わないことです。邪険に扱うのがセオリーです。**

こういう対応をされると、「ああ、買ってくれないだろうな」と思って、普通のセールスは諦めてくれます（これで諦めてくれない場合は悪質です）。

でも、実際にこういう対応ができるかというと難しい状況はあるんですよね。

会社に突然かかってくる「不動産投資をしませんか？」という電話や、「○○新聞を契約しませんか？」という個別訪問には、多くの人が普通にＮＯと言えるでしょう。

ただ、これが少しでも知っている人の場合は断りにくい。

昔からネットワークビジネスは、家族・友人・知人・恋人などの人脈をお金に変える商売だと言われてきました。すでに付き合いがあると、セールスをしかけられた方は人間関係を壊したくないから、「お付き合い程度なら……」とサービスや商品を買うんですよね。

そこまで深い関係でなくても、ちょっと知っている者同士で仕事の話をされると断りにくいものです。**誰もが心の奥底で、人間関係を壊してはいけないと思っているから**です。

ですから、人間関係を使って商品を売ろうとする人間は卑怯なんですよね。こちらは相手に気を遣っているのに、相手はこちらの良心を利用して物を売りつけようとする。

もちろん、ちょっとした関係があるからこそ、その人が紹介する商品やサービスを信頼できると感じられることはあります。よく使うスーパーマーケットやコンビニは店員も顔馴染みだし、行き慣れているから、商品やサービスに安心感を覚えるものです。実際に、その商品やサービスも価値があることでしょう。

しかし、商品やサービスの価値がほとんどなく、人間関係があるという理由で買わざるをえないとすれば、買っている方の気分は良くありません。「友達関係でいたいなら、この商品を買ってね！」という関係は友達関係ではありませんよね。

もし、頻繁にこういった営業をかけられることがあるなら、**そのイベントや交流会自体が、元々騙されやすいカモを集めるために行われているか、あなた自身が〝一見して騙されやすいと思われる振る舞いをしている〟**可能性が考えられます。

カモを集めるためのイベントかどうかの見分け方は簡単で、運営母体が同じだったり、一緒に参加した人も同様の勧誘をされていたりすれば、イベントや交流会自体に問題があります。もし、そうでなければ、残る選択肢として、あなたが騙されやすいと思われる振る舞いをしている可能性が非常に高くなる。

相手のことをちょっと知ってしまっただけに、相手を邪険にできない気持ちはわからないこともありません。

ただ、優しい対応をし続ける限りは、あなたはあなたの良心を踏みにじられ続けることになります。

あなたに敬意を払わず、あなたの良心にあぐらをかいて接するような人々とは、まともに接する必要はありません。

まとめ

- 人間関係を使って物を売ってくる人は不誠実な人です。
- いらないものの営業トークは遠慮なく断るのが正解です。

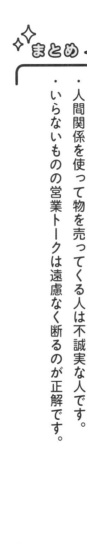

Q27

友人が自慢ばかりしてきます。彼と三ツ星フレンチでディナーをした、五ツ星ホテルに宿泊した、彼が外車を買った、タワーマンションを買ったなどなど……。どうしてこんなに自慢をしてくるんでしょうか？

A

あなたに認めて欲しいからです。

口を開けば自慢ばかり言う人はいますよね。自分自身のことだけに限らず、親や彼・夫、子ども、所属している組織など、使える材料は何でも自慢します。

自慢をする理由は、それだけ**自分を価値のある人物だと評価して欲しいから**です。美味しいフレンチを食べられるような自分、こんなにすごい人と付き合える自分、仕事で成果を上げた自分……。こういったものを自分でＰＲしているわけですね。

もちろん、純粋に高級フレンチ、高級ホテル、高級時計、高級彼氏を愛している人もいます。本当に使い勝手が良く、趣味にあっているから、そういうものにお金を消費する。ただ、そういった高級なものに価値を感じる人が、必ずしもその消費行動を他人に自慢するわけではありません。何でもかんでも自慢しようとする人は、好事家（風流を好む人）とは違って、その物自体に価値を見出さず、その消費行動をしている自分自身を愛している人です。

自慢ばかりしてくる人は、誰かに高く評価されることに飢えています。自己評価と比較して周りからの評価が低いという意識から、このギャップを埋めるために自慢するのです。

通常、人が他人を評価するのは、金銭的に豊かであることだけに限りません。誠意があるか、信頼できるか、話に信ぴょう性があるか、自分に対して好意があるのかといった内面的なものも含まれます。**内面的にギャップを埋める方法があることを知らないか、できない人が、外面的に（金銭的なもので）ギャップを埋めようとします。**

自慢ばかりしてくる友人がいたときにどう振る舞うのが適切かは、あなた自身がこの友人とどう付き合いたいかによって決まります。

形式的な関係でよく、その場を乗り切りたいだけなら、「へー、すごいね」と死んだ魚の目をしながら、オウム返しをしてください。相手は「この人に認められても嬉しくないな」と徐々に距離を置いていきます。

その友人にどうしても心を入れ替えて欲しければ、それらの自慢が周りの評判を必ずしも上げることにはならないと教えてあげましょう。

ただ、単刀直入に「そんな自慢話、格好悪いよ！」と言っても聞く耳を持たず、嫉妬しているると思われるのが関の山です。

自慢話を聞いたら、「その料理は美味しかった？」「ホテルはどんないいところがあったの？」「エリート官僚の彼から面白い話は聞いていない？」と自慢話の中身を掘り下げるような質問をするのです。そして、面白い話が聞けたら「その話を聞いて興味を持った！」と、**話の中身を褒めてあげます。**こうすることで、友人は単なる自慢話ではなく、実のある具体的な話が評価されると徐々に気付きます。やがて、貴重な情報を提供することに重きをおくようになり、周りからの評価も上がります。

これは子どもの勉強を褒めるときと同じです。試験結果を褒めるのではなく、努力や過程を褒めるようにしたほうが、子どもは勉強するようになります。ただし、この方法はあなた一人だけがしても限界がありますから、自慢話を聞く人全員で同じように対処するのが理想的です。

一方で、誰から見聞きするものでも自慢話に聞こえるようだと、話は違ってきます。普通に生活していて自慢話ばかりする人たちに囲まれることはなかなかありません。多くの人の話が何でもかんでも自慢に聞こえる場合は、あなたがその相手に嫉妬している可能性があります。

極端に自慢話が増え、それが苦しいと感じるなら、あなた自身の生活を見直してみてください。**人間関係や生活習慣が改善すると、他人の話が自慢に聞こえなくなります。**

自慢話をしたくなるのは人間誰しもあることです。誰の心にも「認めて欲しい」気持ちはあるからです。自慢話をしたことがない人はいないでしょう。でも、逆にもし、**あなたが口を開けば自慢話ばかりになるようだったら、自分が認められていないと考えているサインだと理解し、改めて自分自身の立ち振る舞いを見直すことをオススメします。**

自慢話のような一方的な話は他人から嫌われ、周りからの評価は下がり、自己評価とのギャップが開くばかりで、負のスパイラルに陥ることになります。

まとめ

- **自分が認められていると思っている人は他人に自慢しようとしません。**
- **自慢話をやめさせたければ、自慢話以外でその人を認めてあげることです。**

Q 28

周りの友達はレベルが低いような気がします。どうして私はこんなに友達に恵まれていないのでしょう？

A

あなたがバカだからです。

この話はあまり突っ込みすぎると途方もない深淵に迷い込むので軽く書いておきます。

自分の友達が面白くない、レベルが低いと思うのは、**大体は本人が面白くない、レベルが低いから**そのような状況になります。


もちろん、グループの中での役割分担により、凄く面白い人たちの中に面白くない人がいたり、美人集団の中に可愛くない子がいたりするケースはあります。

後者に関しては、合コンなどで、あえてちょっと可愛くない子を用意して、自分たちの可愛さを引き立てるという目的ですね。そのための友人関係です。

一見すると怖い話ですが、可愛くない子もそのグループに属していることで利益を享受できることもあるので、意外とＷｉｎ－Ｗｉｎが成立しています。


ただ、相談されているような関係は例外で、やはり**友達同士とはそれなりに価値観等の共通点がある人たちが集まるもの**です。

イメージしにくい人は、次の状況を想像してみてください。あなたが30代の日本語しか話さない日本人だったとして、自分より50歳年上のインドネシアに住むイスラム教徒の男性と仲良くなれるでしょうか。

何を話したらいいのかわかりませんよね？　そもそも言語が通じない可能性が高いです。

誰かと友達になる（仲良くなる）には、このように自分とその人物の間に共通点が必要です。

たとえば、同じ学校の同級生だったとか、子どもが同じ保育園に入っているとか、同じ音楽が好きだとか、そういった色々な共通点です。この共通点がきっかけで親和性を感じ、一緒にいるのが快適になり、友達関係を構築するようになります。

友達ができるプロセスを考えれば、**〝自分の友達が面白くないということは、自分自身がその程度の人間である〟**と理解しやすいと思います。

不満なら友達にならなければいいわけですから。

では、自分がその程度の器なのだから、現状を受け入れるべきかと言えば、そうではありません。

これまでは別に不満がなかった友達との会話に、違和感を覚えてきているということは、

あなた（の心）が今の交友関係から脱する準備をし始めたと解釈できます。

自分自身の変化は他人の変化以上に気付きにくいものです。しかし、〝現状の交友関係に不満を持つ〟ことはわかりやすい心境の変化のバロメーターです。このまま、つまらないように見える友人たちと付き合い続けることもあなたの自由ですし、新しい交友関係を築くのも自由です。

今は、インターネットで、知らない人と簡単に繋がることができる時代です。自分が好きなものや、自分がしたいことを思いきってアピールしてみるといいでしょう。あなたに見合った、とても素敵で面白い友達を作ることができますよ。

まとめ

- **人と仲良くなるのは共通点があるからです。**
- **周りの人と合わなくなるのは共通点が減っているということ。新しい友人を探しましょう。**

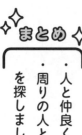

Q29

とても仲がいい女友達がいるのですが、私が別の友達と遊んだ話をすると、嫉妬します。彼女ももちろん友達として大切ですが、彼女以外の友達も私には大切です。どのような対応をすればいいものなのでしょうか?

A

「あなたは大切な友達だ」と伝えましょう。

この相談のように他の人と仲良くしていることに嫉妬する友達はいますよね。友達ならば実はまだいい方で、彼氏や彼女が嫉妬深いと苦労するものです。この問題は、原因があなたとその嫉妬深い人との人間関係にあるかというと、そうではありません。

相手の嫉妬深さが原因です。

どうして人は嫉妬をしてしまうのでしょうか。

嫉妬は誰の心の中にもある複雑な感情で、**他人と自分を比較し、自分が劣っていると思ったときに感じるもの**です。自分が劣っている、自分に自信がないというのが嫉妬深くなる理由です。

嫉妬深い友達は、自分に自信がないため、あなたがその友達以外の人と遊んでいるのを知ると、「私より他の友達を選ぶのでは？」「私は大切ではないのでは？」と考えてしまうのです。そして、自分が不安になるのが嫌なので、あなたが他の友達と遊ぶのを嫌がったり、止めようとしたりします。

言ってみれば、**友達の自己肯定感が低い**ことが原因です（自己肯定感については第1部チャプター4参照)。

ですから、対処法としては、自己肯定感が低い人に、自己肯定感を持ってもらうためのコミュニケーションをすることになります。それは、**彼女のあるがままを認めること**です。

具体的に説明しますね。

彼女と遊んでいるときには「あなたと一緒に遊ぶのは楽しい」「あなたは大切な友達だよ」と自然に伝えるようにします。彼女以外の友達と遊ぶのを止める必要はありません。もし、彼女から「何で他の友達と遊ぶの!?」と問いただされた場合、「私が誰と遊んでもいいじゃない!」と反射的に答えるのではなく、「あなたのことは大切に思っているよ」と優しく伝えます。

このように接し続け、**彼女の自己肯定感が満たされたときに、彼女は嫉妬をしなくなる**のです。

一番良くないのは、**彼女の嫉妬を恐れて、他の友達と付き合うのを止め、彼女とだけ遊ぶこと**です。彼女は〝嫉妬すればあなたが自分の意見に従う〟と学んでしまうので、あなたを更に束縛しようとしてしまいます。嫉妬深いところは改善されず、彼女にとっても良くありませんし、あなた自身も苦しい時間を過ごすことになります。

〝DVの兆候がある彼や彼女〟の場合は特に、従順になるのは危険です。あなたをもっと支配しようとするため、どんどん暴力的になってしまいます。

一応の対処法は、以下の通りです。一応と申し上げたのは、全員がこのようにうまく振る舞えるとは思えないからです。

相手が自己肯定感を取り戻すには、長い時間がかかる可能性があります。一年や二年では済まされないこともあるんです。それをわかった上で、嫉妬深い友達をあるがままに受け入れ続けるというのであれば、膨大なエネルギーが必要になります。

彼女の心の問題は、本来彼女自身が解決するもの。

他人が解決してあげられると考えるのは自信過剰と言えます。そして、他人にできることには限界があります。

嫉妬深い人と付き合うことを止めても、誰かに後ろ指を指されることはありません。文配的過ぎるのであれば、その支配下に入る前に、**あなたのためにも、相手のためにも逃げ出しましょう。**

ただ、自分に余力があり、相手が本当に大切であるならば、できる範囲でいいので、**あなたがその人を大切であるという気持ちを伝え続けてください。**

まとめ

- 嫉妬深いのは自分に自信がないからです。
- 自信を持たせるには「あなたが大切である」ことを伝え続けることです。
- 他人にできることには限界があります。逃げても悪くありません。

Q 30

同じ歳の〝しっかりしたお姉さんタイプ〟(長女)の友人がいます。彼女のお節介が気になっています。私は抜けているところがあり末っ子でもあるためか、その友達との関係が姉と妹のようになりがちです。いろいろと親切にしてくれるので、ありがたいのですが、時々子ども扱いされているような、バカにされているような気持ちになってイライラします。

A

「自分でできるようにしたいから応援しててね」と伝えましょう。

この相談は要するに、お節介な人・世話焼きな人との付き合い方ですね。

他人にお節介をする人・世話焼きな人は、その方法によって〝人と良い関係を築けた〟という成功体験を積んできてしまった人です。

他人の世話をしたことによって褒められる経験が豊富だと、こうなってしまいます。

何かができない人は世の中にたくさんいますから、手助けをする必要はあります。ですから、世話焼きは賞賛されます。あなたに対して「世話を焼いてくれる友人がいるなんて羨ましい」と言ってくる人もいるでしょう。

ただ、**手助けをする本来の目的は、本人が自立するための支援**です。

寝たきりで、回復の見込みがない人は自立するのに限界があります。しかし、一時的に他人の支援が必要な子どもや障害者は、長期的には自立が目指されるものです。

誰にでも、いつまでも世話焼きをしたがる人の深層心理には、「褒められたい」という気持ちがあります。そして、その行為は、他人の成長の芽を潰してしまいます。

実は、世話焼きの人にとっては、あなたが**抜けた人のまま、できない人のまま、子どものままでいてくれる方が幸せ**なのです。これは、世話焼きの人が無意識にしている行為ではあるのですが、こういった歪んだ心理が存在します。

ですから、世話焼きの人は可哀想だと言えるのです。そしてその人は、世話焼きをしなければ評価されないと思わされた被害者かもしれません。

こういった世話焼きをする人への対処法としては、「私も自分でできるようになりたいから、応援してね」と伝えることです。「それ、余計なお節介だから」とか「あなたの手出しは不要だから」と言うと、言われた方は反発します。

〝世話を焼くことの最終的な目的は、相手を自立させるため〟という基本原則を、本人に自覚してもらうため、**「自分でできるようになりたい」と伝えるようにしましょう。**

自分に抜けている部分があるのも事実ですから「応援してね」とも伝えるわけです。

実際のところ、世話を焼かれ続ける人も存在します。

いわゆる〝妹キャラ〟という人で、他人に頼るのが非常にうまい人です。

これも一つの生き方で、他人が良い悪いと評価するものではありません。

つまり〝世話を焼かれてしまう〟というのは、**世話を焼く人を自分が引き寄せてしまっている可能性がある**という見方もできるのです。

「あなたって長女タイプでしょ?」「そういうあなたは末っ子?」という会話はよくあります。他人が見てわかるくらいに、**どんな兄妹構成で育ってきたかは、本人の人格形成に大きく影響します。**

ただ、あなたが成人した社会人なのであれば、自立した大人として生きてもいいのです。

誰かに世話を焼かれるのが嫌であれば、いつまでも末っ子キャラに甘んじるのではなく、自分から自立するように努力しましょう。今がその時です。

まとめ

- **余計なお節介をしてしまうのは、それで評価されてしまったからです。**
- **世話をするのは本人の自立のため。余計なお節介をする人には「応援してね」と伝えましょう。**

おわりに

この本はアマゾンを通じて個人で出版した電子書籍をベースにしています。ベースにしたと言っても、3分の2以上を新たに書き下ろし、残すことになった元の部分にしても加筆修正していますから、まったく別の本と言っていいでしょう。ただ、内容は変わっても、伝えたいことは電子書籍から変わっていません。

私たちが日々遭遇する悩みや問題は、医師や警察や弁護士が関わって解決される「重たい」ものから、自己啓発本やノウハウ本で解決策が紹介される「軽い」ものまで、多岐にわたっています。ただ、多くのものは、「重たい」ものから「軽い」ものまでの間の、はっきりとした解決策が存在しないグレーゾーンに存在しているように思います。

私が普段ブログの読者からいただくお悩みは、このグレーゾーンに含まれるものばかりです。身近な人に聞いて解決するのかわからないし、聞くのには躊躇するけれど、世の中を探しても明確な回答がない、そんなどうしたらいいかわからないモヤモヤしたお悩みです。

本来は、コーチングやカウンセリングで解決できる部分が大きいのですが、日本ではコーチングやカウンセリングがあまり一般的ではありません。

この本では、このような多様で雑多なモヤモヤしたお悩みにも、解決策があることをお伝えするために書きました。さすがに、この本を読んだだけでみなさんが抱えているモヤモヤを完全に晴らすことができるとは考えていません。

「私の悩みはこんなふうに考えれば解決できるのかも」と思っていただけたら、嬉しいです。

モヤモヤというものは、頭の中にあるうちは、どうしようもない怪物に思えるものです。それを、人に話したり紙に書いたりして外に出せば、対処可能な存在に形を変えます。

本書で私が紹介していない悩みを抱えている人は、まずは紙に書き出してみて、その対処法をあれこれ考えてみてください。

それでも、どうしてもモヤモヤが晴れない方は、私に気軽にメールしてください。

etsuko.topisyu@gmail.com

末筆ながら、皆様の日々の生活において、モヤモヤがクリアになり、心穏やかに過ごせることを願っています。

斗比主閲子

斗比主閲子（とぴしゅ・えつこ）

アラフォー、既婚、子持ち
日々の悩みに豊富な事例と統計を織り交ぜた解決策を提案する理論派ブロガー
世帯年収二千万円の家庭に生まれるも、親から「うちの家は貧乏だから」と言われて育つ。大学は学費がかからないように旧帝大に。大学卒業後は、持ち前の人間観察力を発揮して仕事で活躍。一人の生活に飽きた頃、結婚。現在は二世帯住宅で子どもを育てつつコンサルタントとして適度に仕事を楽しむ。揺り籠から墓場まで幅広い人生相談を扱ったブログが話題となり、『ハフィントン・ポスト』『赤すぐ』『TOFUFU』『ママスタセレクト』など複数のWEB媒体に寄稿している。「悩みを解決するのは本人自身」をモットーに、人生相談には寄り添いつつも感情移入せず、客観的に回答するスタンスが好評。ブログの読者からは毎週のように長文の悩みが寄せられている。電子書籍に『ぼーっとしている人が「自分の人生と向き合う」ためのQ＆A３０』がある。

『斗比主閲子の姑日記』
http://topisyu.hatenablog.com/

私って、甘えてますか？

2016年12月5日　初版発行

著　者　斗比主閲子
発行者　野村直克
発行所　総合法令出版株式会社
〒103-0001 東京都中央区日本橋小伝馬町15-18
ユニゾ小伝馬町ビル9階
電話 03-5623-5121

印刷・製本　中央精版印刷株式会社

落丁・乱丁本はお取替えいたします。

ISBN 978-4-86280-531-7
総合法令出版ホームページ http://www.horei.com/